AF202348

DANIEL MICHEL

FRANZ BECKENBAUER

– KLEINE ANEKDOTEN AUS DEM LEBEN EINER GROSSEN FUSSBALLIKONE –

Bibliografische Information der Deutschen Nationalbibliothek
Die Deutsche Nationalbibliothek verzeichnet diese Publikation in der Deutschen Nationalbibliografie. Detaillierte bibliografische Daten sind im Internet über https://dnb.de abrufbar.

Für Fragen und Anregungen
info@m-vg.de

Wichtiger Hinweis
Ausschließlich zum Zweck der besseren Lesbarkeit wurde auf eine genderspezifische Schreibweise sowie eine Mehrfachbezeichnung verzichtet. Alle personenbezogenen Bezeichnungen sind somit geschlechtsneutral zu verstehen.

Originalausgabe
2. Auflage 2024
© 2020 by riva Verlag, ein Imprint der Münchner Verlagsgruppe GmbH
Türkenstraße 89
80799 München
Tel.: 089 651285-0

Redaktion: Silke Panten
Umschlaggestaltung: Isabella Dorsch
Umschlagabbildung: picture alliance/Natascha Raess
Satz: Carsten Klein, Torgau
Druck: ScandBook, Litauen
Printed in the EU

ISBN Print 978-3-7423-1225-9
ISBN E-Book (PDF) 978-3-7453-0902-7
ISBN E-Book (EPUB, Mobi) 978-3-7453-0903-4

Wir produzieren
nachhaltig
www.m-vg.de

Weitere Informationen zum Verlag finden Sie unter

www.rivaverlag.de

Beachten Sie auch unsere weiteren Verlage unter www.m-vg.de

Inhalt

Einleitung

Gestartet sei mit einer Quizfrage, liebe Leserinnen und Leser: Auf welcher Position spielte Franz Beckenbauer bei seinem ersten Einsatz als Profi für den FC Bayern? Ein kleiner Tipp: Es war nicht die Rolle als Libero (»freier Mann«) in der Abwehr, die Beckenbauer später so einzigartig im Weltfußball ausfüllte. Nein, er startete in der Relegation um den Bundesligaaufstieg als Linksaußen. Sein Debüt war äußerst erfolgreich. Die Münchner siegten am 6. Juni 1964 mit 4:0 auf St. Pauli – und Beckenbauer erzielte als Flügelstürmer das zwischenzeitliche 3:0. Dass der FC Bayern den Aufstieg in die oberste deutsche Spielklasse am Ende dennoch verfehlte, lag weniger an der Unerfahrenheit des erst 18-jährigen Beckenbauers, sondern vielmehr an der Fahrlässigkeit einiger seiner Mitspieler.

Ein Jahr später, 1965, gelang dem FC Bayern der erstmalige Aufstieg in die 1963 gegründete Bundesliga. Der ausgebildete Versicherungsmakler Franz Beckenbauer entwickelte sich dort zu einem nationalen Star. Sein Stern auf internationaler Bühne ging bei der Weltmeisterschaft 1966 auf. Der spätere »Kaiser« zählte zu den besten Spielern des Turniers und erreichte mit der deutschen Nationalmannschaft das Endspiel. Das DFB-Team unterlag Gastgeber England mit 2:4, Beckenbauer stieg dennoch zum Weltstar auf – als Mittelfeldspieler.

Beim FC Bayern spielte Beckenbauer dagegen schon bald auf seiner Lieblingsposition als Libero. Er konnte verteidigen und angreifen zugleich, konnte seine Mitspieler dirigieren und in Szene setzen – und zu 44 Toren in 424 Bundesligaeinsätzen reichte es für den gelernten Stürmer auch noch.

In der Nationalmannschaft durfte Beckenbauer erst ab April 1971 auf seiner Stammposition auflaufen. Zuvor hielt Bundestrainer Helmut Schön seinen Schützling im Mittelfeld für besser und effektiver aufgehoben, zumal er in der Abwehr noch auf rustikal agierende Verteidiger setzte.

Doch wie kam es dazu, dass Beckenbauer vom Stürmer in der Jugendauswahl zum Chef der zeitweise besten Abwehrreihe der Welt umfunktioniert wurde? Zu verdanken ist dies dem einstigen A-Jugendtrainer des FC Bayern, Rudi Weiß. In der von Torsten Körner verfassten Beckenbauer-Biografie *Der freie Mann* wird Weiß mit den Worten zitiert: »Ich musste dem eine Aufgabe geben, der stand vorne nur rum.« Weiß zufolge habe Beckenbauer sich nicht richtig freigelaufen und nur verächtlich abgewinkt, wenn ihm ein Zuspiel nicht genau genug kam. »Jetzt hat er eine Aufgabe«, so Weiß. Beckenbauer, so berichtet es der Jugendfreund Helmut Heigl, habe dadurch neuen Ehrgeiz und neue Kreativität entwickelt.

Der Weg zu großen Erfolgen war also geebnet. Die Liste der eroberten Trophäen ist lang. Als Spieler gewann Franz Beckenbauer alle bedeutenden Wettbewerbe: Mit dem FC Bayern holte er den Europapokal der Landesmeister (1974, 1975, 1976), den Europapokal der Pokalsieger (1967) und den Weltpokal (1976). Jeweils viermal wurde er mit den Münchnern deutscher Meister (1969, 1972, 1973, 1974) und DFB-Pokalsieger (1966, 1967, 1969, 1971). Eine weitere deutsche Meisterschaft kam mit dem Hamburger SV hinzu (1982). Außerdem holte er mit Cosmos New York dreimal den US-Titel (1977, 1978, 1980). Mit der deutschen Nationalmannschaft triumphierte er bei der Europameisterschaft 1972 und der Weltmeisterschaft 1974.

Als Trainer war er ähnlich erfolgreich. Deutschland führte er 1986 und 1990 ins WM-Finale. 1990 glückte der Triumph über Argentinien (1:0). Dem FC Bayern sicherte er jeweils als Interimscoach 1994 die deutsche Meisterschaft und 1996 den UEFA-Cup. Mit Olympique Marseille holte er 1991 den nationalen Meistertitel in Frankreich. In seine Amtszeit als Präsident des FC Bayern (1994–2009) fiel unter anderem der Champions-League-Sieg 2001.

Die Krönung seiner beruflichen Karriere folgte aber am 6. Juli 2000. Damals erteilte der Fußball-Weltverband FIFA Deutschland den Zuschlag für die Ausrichtung der Weltmeisterschaft 2006. Beckenbauer hatte als Fußball-Botschafter und Vorsitzender des WM-Bewerbungskomitees maßgeblichen Anteil am Erfolg. Er war die führende Kraft für ein großartiges Fest in Deutschland, das sich auf zahlreichen Ebenen und für viele Menschen nachhaltig positiv ausgewirkt hat.

Rund zehn Jahre später musste sich Beckenbauer jedoch als ehemaliger Chef des WM-Organisationskomitees öffentlich damit auseinandersetzen, dass noch dringender Klärungsbedarf über einen Zahlungsvorgang in Zusammenhang mit der WM besteht. Es ging in erster Linie laut

Medienberichten um einen Betrag in Höhe von rund 6,7 Millionen Euro. Der Zahlungsfluss blieb bis heute für die deutsche Öffentlichkeit nicht endgültig nachvollziehbar.

Mehr als 20 Biografien existieren über Beckenbauer – vermutlich ein Rekord auf dem deutschen Buchmarkt. Dabei wird er oftmals als »Lichtgestalt« des deutschen Fußballs bezeichnet, als »Glückskind«. Er selbst fühlt sich mit diesen Begriffen manchmal missverstanden. Er betont stets, dass hinter all seinen Erfolgen auch großer Ehrgeiz und harte Arbeit stecken. Zu kurz kommen offenbar die zahlreichen Rückschläge, die Beckenbauer in seinem Leben hat hinnehmen müssen. Als A-Jugendspieler wurde er zeitweise in die zweite Mannschaft versetzt. Statt der Teilnahme an internationalen Turnieren hatte er in Münchner Vororten sein Bestes zu geben. Ob die Strafversetzung erfolgte, weil Beckenbauer damals schon jähzornig gegenüber Mitspielern und Schiedsrichtern werden konnte, oder ob er vom Trainer oder Verein für sein erstes uneheliches Kind einen Denkzettel verpasst bekam, gilt in der Historie als umstritten. Mit dem FC Bayern verfehlte Beckenbauer zunächst den Aufstieg in die Bundesliga und als Trainer der deutschen Nationalmannschaft bekam er die volle Breitseite ab, als das DFB-Team bei der Heim-Europameisterschaft 1988 bereits im Halbfinale gegen Erzrivale Niederlande ausgeschieden war.

Über das Privatleben von Beckenbauer wurden regelmäßig große Geschichten in den Boulevard-Zeitungen und -Zeitschriften veröffentlicht. Nur selten entsprach das Geschriebene der kompletten Wahrheit. Beckenbauer räumte dabei selbst ein, dass er natürlich in seinem Leben auch Fehler begehe. Er führte insgesamt fünf wesentliche Beziehungen mit Partnerinnen, war Vater von insgesamt fünf Kindern und lebte seit 2006 glücklich in dritter Ehe.

Sein Sohn Stephan, der selbst ein erfolgreicher Fußballer und Jugendtrainer war, starb 2015 im Alter von 46 Jahren an einem Hirntumor. Franz Beckenbauer wurde davon tief getroffen. In den vergangenen Jahren musste er sich zudem selbst zahlreichen Operationen unterziehen, unter anderem am Herzen. Am 7. Januar 2024 verstarb er im österreichischen Salzburg.

Nicht vergessen sollte man, woher Beckenbauer stammt. Er wurde kurz nach dem Ende des Zweiten Weltkriegs im Arbeiterviertel München-Giesing geboren. Er kämpfte sich selbst von ganz unten nach ganz oben. Für seine Ziele entwickelte er großen Ehrgeiz und ließ sich immer wieder von Mentoren leiten. Besonders hervorzuheben ist sein persönlicher Manager Robert Schwan (1921–2002), der Beckenbauer zu einer Weltmarke formte.

Zu Beckenbauers Stärken zählten der unbedingte Wille, etwas erreichen zu wollen, und dass er versuchte, trotz größter Erfolge die Bodenhaftung nicht zu verlieren. Zu seinen Schwächen gehörte wohl, dass er nur schwer zu etwas Nein sagen kann. Sein im Eifer des Gefechts aufbrausendes Gemüt und eine gelegentliche Ungeschicktheit in der Rhetorik brachten ihn zudem nicht nur einmal in missliche Situationen. Doch Beckenbauer suchte stets nach einem versöhnlichen Ausweg. Manchmal half ihm dabei Selbstironie aus der Klemme.

In diesem Buch soll die Lebensleistung von Franz Beckenbauer gewürdigt werden. Das Buch erhebt dabei keinen Anspruch, eine vollständige Biografie zu liefern oder einige Vorkommnisse kritisch zu hinterfragen. Es soll Ihnen, liebe Leserinnen und Leser, einen freudigen Einblick in das bewegte und ereignisreiche Leben der größten Fußballlegende in Deutschland geben: »Kaiser« Franz Beckenbauer.

Das Debüt in der »Bowazu-Mannschaft«

Franz Beckenbauer wurde am 11. September 1945 in München-Giesing als zweiter Sohn von Antonie und Franz Beckenbauer (senior) geboren. Bruder Walter ist vier Jahre älter. Da die Eltern hofften, dass ihr zweites Kind ein Mädchen wird, war als Vorname bereits Franziska ausgesucht worden. Aus Franziska wurde Franz.

Die Beckenbauers lebten in einer Vierzimmerwohnung im vierten Stock am St.-Bonifatius-Platz 2. Allerdings teilten sich acht Personen die vier Zimmer, denn neben Beckenbauers Bruder und seinen Eltern zählten auch noch seine Großmutter und eine seiner Tanten mit ihren beiden Kindern zur Wohngemeinschaft dazu. Mutter Antonie (1913–2006) galt als sehr liebevoll und warmherzig, Vater Franz (1905–1977) dagegen als streng und gefühlskalt. Auch wenn Franz senior nichts mit Fußball anzufangen wusste und oftmals über den Sport lästerte, legte er seinem Junior später keine Steine in den Weg, als dieser sich endgültig entschieden hatte, eine Karriere als Fußballer einzuschlagen.

Von klein auf war Franz Beckenbauer vom Fußball begeistert. Womöglich legte er schon als Fünfjähriger die Basis für seine spätere Weltkarriere. Anfangs spielte er oft barfuß und hatte entsprechend blutige Zehen. »Da passt du halt auf, dass du dir nicht weh tust«, erzählte Beckenbauer im Jahr 1995 rückblickend der *tz*. So habe er eine andere Technik entwickelt, als wenn er mit Fußballschuhen gespielt hätte. »Die Fertigkeit mit dem Ball umzugehen, kam so natürlicher als mit Fußballschuhen«, sagte Beckenbauer. Das war wohl sein Glück. Die meiste Zeit hielten sich die Kinder am Spiel- und Fußballplatz des SC 1906 München auf, der nahezu direkt vor der Wohnung der Beckenbauers angesiedelt war. Die Straßen um den Fußballplatz herum waren von vielen Kindern belebt, die sich insbesondere zum Fußballspielen trafen. Als Ersatz für einen zumeist unbezahlbaren Lederball nutzten die Kinder auch Dosen und Tennisbälle. So kickte Franz Beckenbauer zeitweise mit nahezu allem, was sich mit dem Fuß befördern ließ, gerne auch gegen Hauswände. Sein erstes großes Ziel hielt er dabei fest im Blick: baldmöglichst in der »Bowazu-Mannschaft« mitzuspielen.

»Bowazu« steht als Abkürzung für die Bewohner, die in den drei Straßen rund um den Fußballplatz vom SC 1906 wohnten: Bonifatius-,

Watzmann- und Zugspitzstraße. Die größten und am besten Fußball spielenden Kinder trafen sich regelmäßig zum Duell fünf gegen fünf – oder sie nahmen es gemeinsam gegen Teams aus anderen Straßen auf.

Die kleineren Kinder – der kleine Franz inklusive – standen bei den Spielen zunächst als Ballholer Spalier und mussten erstmal für sich allein mit dem Tennisball üben. Eines Tages aber erhielt Franz unerwartet seine Einsatzchance in der großen »Bowazu-Mannschaft«. Da ein Duell vier gegen drei Spieler nicht passte, holten sie den fünf Jahre alten Franz hinzu. Der war ballsicher, wendig und mit Nehmerqualitäten versehen: Seine neuen Mitspieler überzeugte er sofort mit Leistung. Recht schnell stellte sich heraus, dass Franz besser war als alle anderen Mitspieler. »Das ging ruckzuck, von einer Minute zur anderen durfte er mitspielen«, sagte Bruder Walter, der zwischen seinem 11. und 14. Lebensjahr selbst für den FC Bayern spielte.

Demnach hatte sich Franz Beckenbauer im Alter von fünf Jahren seinen ersten Stammplatz in der großen »Bowazu-Mannschaft« gesichert.

Wie Sammelbilder von Sanella Beckenbauers Sehnsucht befriedigt haben

Der »Kaiser« träumte bereits als kleiner Junge davon, die Vielfalt des Globus zu entdecken. Jedoch waren die finanziellen Mittel seiner Eltern begrenzt, große Weltreisen standen in der Nachkriegszeit ohnehin bei kaum einer deutschen Familie auf dem Programm. Um sein Verlangen nach der großen, weiten Welt dennoch etwas zu stillen, entdeckte Beckenbauer in den 1950er-Jahren die Sammelalben des bekannten Margarine-Herstellers Sanella für sich.

»Man hatte noch keine Vergleichsmöglichkeiten: kein Fernseher, kein Internet«, sagte Beckenbauer im Jahr 2010 dem Magazin der *Süddeutschen Zeitung*. Das Einzige, was er als Jugendlicher also hatte, waren Klebealben von Sanella – mit Bildern von Afrika, von Amerika und all den anderen fernen Ländern. »Mich hat das interessiert – wie schaut es dort aus?«, erinnert sich Beckenbauer. Die Sehnsüchte waren bei ihm von klein auf da.

Als Profifußballer kam Beckenbauer mit dem FC Bayern, Cosmos New York, dem Hamburger SV und der deutschen Nationalmannschaft viel in der Welt herum – und als Chef des Organisationskomitees zur Weltmeisterschaft 2006 konnte er jeden Kontinent und nahezu jedes Land auf der Welt nochmal von seiner schönsten Seite kennenlernen und genießen. »Dass ich das alles einmal live erleben würde, daran war nicht zu denken«, sagte Beckenbauer in Erinnerung an seine Jugendzeit. Dank der Sammelbilder von Sanella hatte der junge Mann aus München-Giesing aber zumindest schon mal einen Eindruck davon bekommen, was ihn später auf anderen Kontinenten erwarten könnte.

Blaues Auge statt blaues Trikot – oder: Als ein König den angehenden »Kaiser« ohrfeigte

Der Giesinger Verein SC 1906, der heute unter dem Namen Spielvereinigung 1906 Haidhausen firmiert, war der Stammverein des »Kaisers«. Im Alter von acht Jahren trat Beckenbauer dem Klub bei. Vier Jahre später allerdings steckte der Verein in Schwierigkeiten, die Auflösung der Jugendabteilung drohte. Beckenbauer war fast schon gezwungen, sich einen neuen Verein zu suchen. So visierte er einen Wechsel zum ebenfalls in Giesing beheimateten TSV 1860 München an, dem damals erfolgreichsten Klub der Stadt. Doch durch ein für ihn dramatisches Erlebnis änderte Beckenbauer seinen Plan, zu den Blauen zu gehen.

Was war vorgefallen? Im Jahr 1958 gab es bei einem Jugendturnier das Finalspiel zwischen den 6ern und den 60ern. Beckenbauer, der als Stürmer agierte, lieferte sich mehrfach ein Scharmützel mit seinem Gegenspieler von 1860. Der TSV-Verteidiger soll ihn gleich zu Beginn der Partie mit »Was willst du Depp hier?« provoziert haben. Nach einigen harten Duellen in einer insgesamt umkämpften Begegnung erzielte Beckenbauer ein Tor und konterte verbal mit dem Spruch: »Na, da schaust, du Depp!«

Der Gegenspieler ohrfeigte ihn dafür, was für Beckenbauer das Fass zum Überlaufen brachte. »Ich war so wütend und hilflos«, schilderte Beckenbauer seine Gefühle in *Der freie Mann*. Erst in der Kabine konnte er wieder klar denken. »Plötzlich fiel mir ein, dass wir uns bei den

Sechzigern melden wollten«, aber die Demüti-
gung der Ohrfeige saß tief. So traf er umgehend
eine weitreichende Entscheidung: Keinesfalls
würde er zu den 60ern gehen, teilte er seinem
Team mit: »Ihr könnt ja zu ihnen gehen, ich geh
zu den Bayern.« So wechselte Beckenbauer mit
drei Freunden aus der 1906-Mannschaft zum
FC Bayern und startete eine große Karriere im
Dress der Roten – nicht im Trikot der Blauen.

Vom 1860-Spieler, der Beckenbauer geohrfeigt
hatte, war dagegen in der Öffentlichkeit lange
Zeit nichts bekannt. Erst 52 Jahre nach dem
Vorfall, im Jahr 2010, kam es zum Wiedersehen
zwischen Beckenbauer und dem Kontrahen-
ten von einst. Gerhard König, so der Name des
früheren 1860-Spielers, fürchtete mögliche Ag-
gressionen gegen seine Person, weshalb er sich
aus der Öffentlichkeit fernhielt. Doch einem
Bekannten vertraute er seine Geschichte später
an, danach ließ sich Gerhard König zu einem
Wiedersehen mit Beckenbauer im Olympiastadion und im Rahmen der *BR*-Sendung *Blick-
punkt Sport* überzeugen.

König und »Kaiser« sprachen dabei natürlich
auch über die berühmte Szene von 1958. »Ich
war Verteidiger, der Franz war Mittelstürmer.

Da hat er mich ausgespielt.« Anschließend habe er sich vergewissert, dass der Schiedsrichter nicht zu sehen war und habe seinem Gegner »eine Watsch'n gegeben«. König gesteht, er habe damals schon gewusst, mit wem er es zu tun hatte, »denn Franz war ein Riesentalent«. Beckenbauer wiederum räumte ein, dass zwischen seiner Mannschaft und den Gegnern irgendwie die Sympathie gefehlt habe: »Vielleicht habe ich auch was dazu beigetragen.«

Wie erfolgreich wäre 1860 später noch geblieben, hätte es in den 1970er-Jahren einen Franz Beckenbauer im Team gehabt? Diese Frage sei hypothetisch, betonte Beckenbauer und verwies auf das Schicksal im Leben. Gerhard König zeigte sich nach dem Gespräch mit Beckenbauer erleichtert: »Ich bin froh, dass wir uns getroffen haben und dass die Sache ausgestanden ist.«

Wie Sepp Herberger die DFB-Karriere von Franz Beckenbauer rettete

Franz Beckenbauer galt mit 18 Jahren als großes Talent im deutschen Fußball. Der damalige DFB-Jugendtrainer Dettmar Cramer wollte Beckenbauer zu einem Lehrgang einladen, der in der Regel zu einem Einsatz in der Jugendnationalmannschaft geführt hätte. Jedoch erfuhr Cramer, dass Beckenbauer bereits Vater geworden war. Das Nachwuchstalent hatte bei seiner Ausbildung bei der Allianz Versicherung seine Freundin Ingrid kennengelernt und mit ihr Sohn Thomas gezeugt.

Mit 18 Jahren war eine Person damals per Gesetz noch nicht volljährig – und die moralischen Standards waren in der deutschen Gesellschaft und beim DFB deutlich rigider als heute. Beim DFB existierte ein pädagogischer Kreis, der sich für die Tugend der Spieler verantwortlich zeichnete. Eine Berufung von Beckenbauer in die Jugendnationalmannschaft besaß keine Aussicht auf Erfolg.

Dettmar Cramer jedoch wollte von seinem Vorhaben, Beckenbauer in die Jugendauswahl des

DFB zu holen, nicht ablassen und zog Bundestrainer Sepp Herberger ins Vertrauen. Herberger stimmte mit Cramer überein, Beckenbauer eine Chance zu geben, weshalb der Bundestrainer und sein Assistent Cramer die nächste Sitzung des pädagogischen Kreises besuchten. Herberger hatte sich für das Meeting einen besonderen Matchplan zurechtgelegt:

Er eröffnete die Runde mit einem vermeintlich unverfänglichen Rückblick aller Beteiligten in die eigene jugendliche Vergangenheit. So sollte jeder einmal aus seiner Studentenzeit plaudern und »von den kleinen amourösen Flirts und Abenteuern erzählen«, schilderte Dettmar Cramer im Buch *Schau'n mer mal* die Situation von 1963/64 und hielt fest: »Und die ach so honorigen Herren erzählten, prahlten mit ihren Mädchengeschichten.«

Sepp Herbergers ausgeklügelte Falle ging somit auf. Er nutzte die Gunst der Stunde, um eine Lanze für das größte Talent im deutschen Fußball zu brechen. »Das waren ja ganz tolle Geschichten, aber nun zum Thema Beckenbauer«, sagte Herberger in die Runde und teilte weiter aus. Der einzige Unterschied zwischen den Mitgliedern des pädagogischen Kreises und Beckenbauer sei die Tatsache, dass bei den einen nichts weiter passiert war – während der andere heute Vater ist. Dettmar Cramer jubilierte: »Peng, das saß!«

Die alten Herren fühlten sich ertappt und erteilten für eine Berufung Beckenbauers grünes Licht. Nur eine einzige Bedingung wurde noch gestellt: DFB-Jugendtrainer Dettmar Cramer sollte sich als eine Art Tugendwächter das Zimmer mit Beckenbauer teilen. Einer großen Karriere von Franz Beckenbauer in der deutschen Nationalmannschaft stand damit allerdings nichts Wesentliches mehr im Weg.

»Ein Trainer-Beruf kommt für mich wahrscheinlich nicht infrage«

Schnell, eine perfekte Balltechnik, eine überragend gute Spielübersicht und eine große Torgefährlichkeit: Der junge Franz Beckenbauer wusste um seine Qualität als Fußballspieler. Seine weiteren Begabungen im Fußballbereich konnte er dagegen noch nicht zielgenau einschätzen. »Mit Fußball möchte ich später nichts zu tun haben«, sagte Franz Beckenbauer im Alter von 20 Jahren in einem TV-Interview. Auch ein Trainer-Beruf käme ihm zufolge nicht infrage.

Beckenbauer erahnte offensichtlich noch nicht, später ein erfolgreicher Trainer, Funktionär und TV-Experte zu werden. Seine Erfolgsbilanz in Kürze:

Als »Teamchef« führte er die deutsche Nationalmannschaft zum WM-Titel 1990.

Mit Olympique Marseille gewann er 1991 die französische Meisterschaft.

Im Winter 1993/94 übernahm er als Interimstrainer Bayern München und gewann die deutsche Meisterschaft.

In einer weiteren Amtszeit holte er 1996 mit den Münchnern den UEFA-Cup.

Zwischen 1994 und 2009 fungierte er als Präsident des FC Bayern. In seiner Amtszeit triumphierte die Mannschaft 2001 in der Champions League.

Gut also, dass der »Kaiser« nach seiner Profi-karriere doch noch was mit Fußball zu tun haben wollte.

Warum der Wechsel von Franz Beckenbauer zu Inter Mailand geplatzt ist

1966 gewann England die Weltmeisterschaft im eigenen Land. Doch als einer der großen Stars des Turniers ging der 20 Jahre alte Franz Beckenbauer hervor. Was im Juli 1966 noch keiner wusste: Beckenbauer wollte nach der WM sein Geld in Italien verdienen. Unmittelbar vor Turnierbeginn war er nämlich mit Inter Mailand vertragseinig geworden. Bei einer für damalige Verhältnisse schier unmoralischen Summe von 900 000 D-Mark Jahresgehalt »war meine Entscheidung, die Bayern zu verlassen, gefallen«, verriet Beckenbauer im Buch *Schau'n mer mal*.

Ein unvorhersehbares Ereignis ließ den Deal platzen: Italiens Nationalmannschaft verlor 0:1 gegen den krassen Außenseiter Nordkorea und schied nach der Gruppenphase bei der WM 1966 aus. Der italienische Verband zog nach dieser Schmach Konsequenzen. Die Profi-Klubs durften ab sofort keine ausländischen Spieler mehr verpflichten – Inter Mailand musste in der Folge gezwungenermaßen den Transfer mit Franz Beckenbauer abblasen. So blieb der »Kaiser« noch elf weitere Jahre als Spieler in München und gewann mit dem FC Bayern unter anderem drei Mal den Pokal der Landesmeister.

»Chart-Stürmer« Beckenbauer

»Gute Freunde kann niemand trennen,
Gute Freunde sind nie allein,
Weil sie eines im Leben können,
Füreinander da zu sein«

So lautet der Refrain von Franz Beckenbauers erster Single aus dem Jahr 1966 – und bis heute wird der Refrain von den Fans des FC Bayern in der Südkurve lauthals gesungen. 100 000 D-Mark erhielt Beckenbauer laut eigenen Angaben für die Produktion des Songs. Das Lied enterte die Charts, auch wenn es unterschiedliche Angaben darüber gibt, ob die Single im Jahr 1966 bis auf Platz 7 oder nur auf Platz 31 vorrückte.

Später war Beckenbauer auch mit der National-mannschaft regelmäßig in WM-Hits involviert, die in der Rückbetrachtung eher belustigend wirken, zur damaligen Zeit aber bei vielen Fans Begeisterung auslösten.

1974er-Weltmeister Berti Vogts sprach im Jahr 2010 im Interview mit der Zeitung *Die Zeit* Beckenbauer ein Kompliment aus. Auf die Frage, wer denn der beste Sänger im Team gewesen sei, antwortete Vogts: »Franz Becken-bauer – mit Abstand.« Immerhin hatte er ja vor-her schon andere Songs herausgebracht. Vogts Einschätzung lautete daher: »Gesanglich war er die absolute Nummer 1.«

Wie Beckenbauer den Spitznamen »Kaiser« erhielt

Franz Beckenbauer hat als Spieler und Trainer alle großen Titel im Fußball gewonnen. Doch schon weit vor seinen großen Erfolgen als Profi in den 1970er-Jahren erhielt er den Spitznamen »Kaiser«. Dabei gibt es zwei Versionen, wie dieser Beiname entstanden ist.

Version 1: Der FC Bayern weilte im Jahr 1971 zu einem Freundschaftsspiel in Wien. Beckenbauer stand für Fotoaufnahmen neben einer Büste des österreichischen Kaisers Franz I. Die Folge: Ein Journalist soll Beckenbauer als »Fußball-Kaiser« tituliert haben. Bis heute erzählt Franz Beckenbauer selbst diese Version.

Version 2: Die *Bild*-Zeitung titelte bereits am 10. Juni 1969: »Franz ist der Kaiser von Bayern.« Der FC Bayern war gerade souverän deutscher Meister geworden und Beckenbauer wurde vom Sportmagazin *kicker* zum besten Spieler der Bundesliga gekürt.

Kurz darauf, am 14. Juni 1969, duellierte sich der FC Bayern im DFB-Pokal-Finale in Frankfurt vor über 60 000 Zuschauern mit Schalke 04 (Endstand: 2:1). Schalkes Stürmer Reinhard »Stan« Libuda, auch »König von Westfalen« genannt, setzte mehrfach zu seinen gefürchteten Dribblings an. In einem Zweikampf stoppte ihn jedoch Beckenbauer unfair, indem er

Libuda festhielt. Die Schalker Fans pfiffen Beckenbauer für dieses Vergehen aus. Dies war damals noch eine ungewöhnliche Reaktion des Publikums – und auch Beckenbauer wirkte überrascht. Schalke konnte aus dem folgenden Freistoß keinen Nutzen ziehen. Der Ball landete bei Bayern-Torwart Sepp Maier, der einen neuen Münchner Angriff einleitete; das Leder gelangte zu Beckenbauer.

Der junge Star, so wird es in der Biografie *Der freie Mann* geschildert, hatte mit der Situation noch nicht abgeschlossen, zumal ihn die Schalker Fans erneut ausbuhten. So postierte sich Beckenbauer rund 20 Meter vor dem eigenen Tor, wo das Gegröle offenbar am lautesten war, und begann, mit dem Ball zu jonglieren. Die Vorführung soll laut Reportern vor Ort wie Ulfert Schröder vom *Tagesspiegel* rund 40 Sekunden gedauert haben, im Stadion sei es plötzlich ganz still gewesen – und auch kein Gegenspieler wagte es, Beckenbauer anzugreifen, obwohl die Partie gar nicht unterbrochen war.

Es war ein magischer Moment in diesem Finale, mit dem sich die Berichterstatter im Anschluss sehr beschäftigten. Um den Gegenpart zu Libuda und den »König von Westfalen« zu verstärken, wurde Beckenbauer nun endgültig zum »Kaiser Franz« getauft. Hans Schiefele, Reporter bei der *Süddeutschen Zeitung*, schrieb, wie sich der Zorn des »Schalker Anhangs« entlud, weil »Kaiser Franz« den »König von Westfalen« festgehalten hatte. »Was den Münchner Fußballsouverän zu einer Sondereinlage à la Rastelli animierte.«

Auch die *Abendzeitung* berichtete von »Kaiser Franz«. Sie sprach ihn nach dem Spiel in der Kabine und zitiert ihn mit den Worten: »Die sollen doch froh sein, dass ich Libuda nicht umgehauen habe.« Beckenbauer zufolge wäre Festhalten doch ein humanes Foul. Der Schalker Präsident Günther Siebert entschuldigte sich sogar für das Verhalten der königsblauen Fans und sagte, dass man es im Fußball nun mal leider mit Fanatikern zu tun habe. »Der Franz ist für mich der Größte.«

Schade: Es gibt nahezu keine TV-Bilder vom Pokalfinale 1969 und der Taufe des »Kaisers«, da sich der Deutsche Fußballbund (DFB) und die öffentlich-rechtlichen TV-Sender aus mehreren Gründen nicht auf eine Live-Übertragung des Endspiels hatten einigen können.

Franz Beckenbauer als Kinostar

Franz Beckenbauer war Mitte der 1960er-Jahre nicht nur ein Fußballstar, sondern ein Idol für die junge Generation. Er erfuhr Anerkennung von nahezu allen gesellschaftlichen Schichten. So wurde Beckenbauer auch für die Unterhaltungsbranche zum Zugpferd. Er ließ sich bei Szene-Events blicken, nahm eine Schallplatte auf – und wurde auch zum Filmstar. Zumindest wurde der Versuch gestartet …

Eine Reporterin fragte Beckenbauer einst, ob er sich auch eine Karriere als Schauspieler vorstellen könne. »Ja, das kann ich mir schon vorstellen«, antwortete er ihr, allerdings nur, weil er eigentlich seine Ruhe haben und der Reporterin ihre Schlagzeile geben wollte. »Und weil es nicht schaden konnte«, erinnert sich Beckenbauer in seiner Biografie *Ich – wie es wirklich war*. Kurze Zeit später erhielt Beckenbauers Manager Robert Schwan ein verlockendes Angebot: 200 000 D-Mark, wenn der »Kaiser« im Film namens »Libero« sich selbst spielt. Mit bekannten Schauspielern wie Klaus Löwitsch und Harald Leipnitz an der Seite willigte Beckenbauer in das Projekt ein.

Die Handlung des Films: Als sich ein Kollege Beckenbauers das Bein bricht, ist der »Kaiser« geschockt und macht sich selbst über seine Karriere und sein weiteres Leben Gedanken. Er gerät in eine depressive Phase, während vor seinem Haus Fans pöbeln und Fahnen anzünden. Schlussendlich will Beckenbauer mit dem Fußball aufhören. Für einige Szenen des Films reiste er zum Dreh in die Wüste Negev (Israel). Dort musste Beckenbauer zeitweise bei 50 Grad im Schatten herumrennen und gelangte mit seinen Kräften an die Grenzen. Ein Gespräch mit dem Regisseur Wigbert Wicker soll laut der Beckenbauer-Biografie *Ich – wie es wirklich war* folgenden Inhalt gehabt haben:

Beckenbauer: »Lasst uns doch rüber gehen, in den Schatten.«

Regisseur: »In welchen Schatten?«

Beckenbauer: »Na dort rüber, unter die Bäume.«

Doch dort gab es keine Bäume.

Beckenbauer war auf eine Fata Morgana her eingefallen.

Der Film kam 1973 in die Kinos und erhielt negative Kritiken. In der *Süddeutschen Zeitung* war von »handwerklicher Hilflosigkeit« und »Schlamperei« die Rede. Einzig für die technisch anspruchsvoll gezeigten Spielszenen gab es Lob.

Beckenbauer resümierte 20 Jahre später süffisant: »Für den Oscar wurden wir natürlich nicht nominiert.« Aus Hollywood habe ihn wohl auch niemand angerufen. Das Ergebnis: Der Film wurde 1973 gedreht und ein Jahr später zum letzten Mal aufgeführt.

Wie »Blacky« Fuchsberger beinahe Brigitte Beckenbauer erschossen hätte

Zu Beginn der 1970er-Jahre wohnte der Schauspieler Joachim Fuchsberger im Münchner Vorort Grünwald und in der Nähe des Hauses von Franz Beckenbauer. Da der »Kaiser« als Fußballprofi oft unterwegs war, bat er seinen Nachbarn und Freund »Blacky« Fuchsberger um einen Gefallen. Beckenbauer wollte das Meldesystem seiner Alarmanlage an Fuchsbergers Telefon koppeln. Fuchsberger willigte ein. Jedoch gab es ein Problem: Beckenbauer hatte nicht erwähnt, dass seine Alarmanlage Bewegungsmelder für das Hausinnere hatte, schrieb Fuchsberger in einem Beitrag für das Buch *Schau'n mer mal* und fügte an, dass die technischen Dinger nicht unterscheiden konnten, »ob sich gerade ein Einbrecher oder drei herumtollende Buben im Haus verdingten«. So lief Fuchsberger einige Male aufgrund eines falschen Alarms zu Beckenbauers Haus, um nach dem Rechten zu sehen.

Eines Tages wurde es allerdings dramatisch. Beckenbauer war zur Vorbereitung auf die Weltmeisterschaft 1974 im Trainingslager im schleswig-holsteinischen Malente, während Fuchsberger und sein 17 Jahre alter Sohn wieder einmal das Alarmsignal registrierten. Da er nicht davon ausging, dass ein Mitglied der Familie Beckenbauer in Grünwald weilte, bereitete er sich auf den Ernstfall vor. Fuchsberger, der in der erfolgreichen *Edgar-Wallace*-Krimireihe einen Inspektor von Scotland Yard darstellte, besaß auch als Privatmann legal eine Pistole, die er nun auf dem Weg zu Beckenbauers Villa mitführte.

Als er vor dem Domizil der Beckenbauers ankam, machte er folgende verdächtige Beobachtung: »Die Sirene heulte. Oben im Haus brannte Licht. Das Gartentor war angelehnt.« Das sah nicht gut aus. »Mein Blick richtete sich zur Haustür. Sie stand offen!« Dann sah Fuchsberger auch noch, wie eine Hand zum Vorschein kam und versuchte, die Tür von innen zu schließen. Er entsicherte umgehend seine Waffe und zielte auf die Tür. Nur noch wenige Sekunden – und er müsste womöglich eine Person schwer verletzen.

»Eine Gestalt sprang hervor. Wild entschlossen, riss ich den Arm hoch«, berichtete Fuchsberger von der dramatischen Szene – bevor sich alles im letzten Moment zum Guten wendete. »Blacky! Was machst du! Willst du mich erschießen?«, rief ihm eine bekannte Frauenstimme zu. »Kreidebleich stand sie vor mir, die Augen starr auf die feuerbereite Mündung gerichtet.« Der vermeintliche Einbrecher war keine geringere als: Brigitte Beckenbauer! Fuchsberger fasste pointiert zusammen: »Wegen einer labilen Alarmanlage hätte ich fast die Frau unseres Nationalliberos erschossen!«

Damit Fuchsberger nie wieder in eine derart spannungsgeladene Situation mit den Beckenbauers kam, setzte er der Alarmanlage ein

Ende. Der Entertainer kletterte auf den Dachstuhl des Hauses und schnitt die Drähte durch.

Der »Eigentor-Schützenkönig«

Torschützenkönig, also der erfolgreichste Torschütze in einem Wettbewerb zu sein, zählt zu den größten individuellen Erfolgen im Leben eines Fußballers. Wer dagegen des Öfteren ein Eigentor erzielt, kassiert viel Spott und muss nicht selten einen Abwärtstrend in Sachen Karriere befürchten. So wirkt dieser Fakt nun fast schon absurd: Franz Beckenbauer ist bis heute (Stand: November 2019) der »Eigentor-Schützenkönig« des FC Bayern in der Bundesliga. Satte vier Mal traf der »Kaiser« ins eigene Tor bei 396 Bundesligaeinsätzen für die Roten.

Besonders bitter war für ihn dabei die Zeit Anfang des Jahres 1975. Beckenbauer war amtierender Weltmeister mit Deutschland und hatte mit dem FC Bayern 1973/74 erstmals den Europacup der Landesmeister gewonnen. Doch in der Saison 1974/75 gerieten die Bayern in ein erstes großes, sportliches Tief. Zum Abschluss des Jahres 1974 belegten die Münchner als amtierender deutscher Meister Tabellenplatz 14, weshalb der langjährige Erfolgscoach Udo Lattek durch den Beckenbauer-»Ziehvater« Dettmar Cramer abgelöst wurde. Allerdings war auch unter Cramer zunächst kein Aufwärtstrend erkennbar.

Zum Start ins neue Jahr unterlag der FC Bayern am 25. Januar 1975 zu Hause gegen Kickers Offenbach mit 2:3. Die Münchner führten mit 2:0, ehe Offenbach noch vor der Halbzeit per Elfmeter auf 1:2 verkürzte. In der 59. Spielminute lenkte Beckenbauer eine scharfe Flanke von Kickers-Angreifer Manfred Ritschel ins eigene Tor. Sieben Minuten später legten die Offenbacher das dritte Tor nach und gingen als Sieger vom Platz.

Eine Woche später, am 1. Februar, trat der FC Bayern bei Hertha BSC an und unterlag mit 1:4. Bereits in Minute neun brachte Beckenbauer nicht die Münchner, sondern die Berliner in Führung. Er bugsierte den Ball unhaltbar für seinen Torwart Sepp Maier unter die Latte. Auch danach unterliefen Beckenbauer zahlreiche Fehler gegen Hertha. Kurz vor der Pause hätte er beinahe per Seitfallzieher ein weiteres Eigentor erzielt. So ein Eigentor wie gegen Offenbach könne ja immer wieder mal vorkommen, »aber was mir da in Berlin passiert ist, das verstehe ich einfach nicht«, zitierte die *tz* einen konsternierten »Kaiser« nach der Pleite bei Hertha.

Beckenbauer stand zu dieser Zeit unter immensen Druck. Ihm wurde öffentlich die Trennung von Trainer Udo Lattek mitangelastet. Er legte sich mit Schiedsrichtern an und musste sich dafür vor dem DFB-Schiedsgericht verantworten. Körperlich litt er unter Schmerzen an Leiste und Achillessehne. Nach der Niederlage in Berlin kam ein grippaler Infekt hinzu.

Allerdings verloren Beckenbauers Teamkameraden in dieser Zeit nicht ihren Humor, wie Torwart Sepp Maier im Jahr 2015 im Interview mit der *Hamburger Morgenpost* berichtete. »Können Sie sich an ein spezielles Tor erinnern?«, wurde Maier im Zusammenhang mit Beckenbauers 70. Geburtstag gefragt. Maier antwortete: »Vor allem an Eigentore – er war ja oft der gefährlichste Stürmer der Gegner.« Und er erzählte noch einmal die Geschichte, wie Beckenbauer ihm in zwei Spielen hintereinander ein Eigentor reingehauen hatte. Bei der Besprechung vor dem nächsten Spiel fragte

Maier sogar augenzwinkernd Trainer Dettmar Cramer: »Wer deckt den Franz?« Maier erinnert sich: »Alle haben gelacht, der Franz sagte: ›Arschloch!‹ Aber er hat auch gelacht.«

»Du, Rodolfo, lass es gut sein, ich bin von der anderen Fakultät«

1977 verließ Franz Beckenbauer den FC Bayern und zog in die USA, um seine Karriere bei Cosmos New York vermeintlich ausklingen zu lassen. Gründe, warum es ihn im Alter von 31 Jahren in die USA drängte, gab es wohl viele. Sportlich steckte Beckenbauer mit dem FC Bayern in einer tiefen Krise. Finanziell drohte ihm Ungemach, da ein von seinem Finanzexperten angewendetes Steuersparkonstrukt letztendlich nicht mit den deutschen Gesetzen in Einklang stand. Am Ende musste Beckenbauer rund 1,8 Millionen D-Mark an Steuern nachzahlen. Privat ging es zudem turbulent zu. Seine erste Ehe mit Brigitte galt als zerrüttet, auch wenn Brigitte Beckenbauer offenbar noch hoffte, in New York einen Neuanfang mit ihrem Mann starten zu können. Franz Becken-

bauer aber hatte sich für seine neue Lebensgefährtin, die Sportfotografin Diana Sandmann
entschieden. Und: Vor seinem Wechsel geriet
Beckenbauer auch noch mit FC-Bayern-Präsident Wilhelm Neudecker in Konflikt, weshalb
er einen Teil der geforderten Ablösesumme aus
eigener Tasche bezahlte.

In den Vereinigten Staaten wurde versucht,
»Soccer« zu einer weiteren beliebten Sportart
mit Eventcharakter zu formen. Dazu holten die
jeweiligen Klubbesitzer zahlreiche Alt-Stars
des Weltfußballs in die USA. Beckenbauer passte perfekt ins Konzept und spielte bei Cosmos
mit dem dreimaligen Weltmeister Pelé zusammen. Beckenbauer wurde ein Appartement im
Stadtbezirk Manhatten zur Verfügung gestellt.
In dem Gebäudekomplex wohnten, organisiert
von einer Agentur, auch zahlreiche Stars aus
dem künstlerischen Bereich. Mit einigen seiner
Nachbarn freundete sich »Kunst-Fan« Beckenbauer an. Dazu zählte auch Rodolfo Nurejew.

2010 berichtete der »Kaiser« dem Magazin der
Süddeutschen Zeitung, wie er dem besten Bal-
letttänzer der Geschichte einen großen Gefallen
getan hat. Nurejew sei eines Tages zu ihm gekommen und habe ihm seine Füße gezeigt. Da

habe Beckenbauer zu ihm gesagt: »Rodolfo, das gibt's doch nicht. Du kannst doch mit diesen Füßen nicht tanzen«. Im *SZ*-Interview führte Beckenbauer aus: »Ich hatte solche Füße noch nicht gesehen. Entstellt, verkrüppelt.« Nurejew habe ihn gefragt, ob er ihm helfen könne. Also rief Beckenbauer seinen Masseur an, der Nurejew professionell bandagierte. »Und dann ist Rodolfo in der Met wieder drei Meter hochgesprungen«, so Beckenbauer.

Die Freundschaft zwischen Beckenbauer und Nurejew hätte dann offenbar noch eine überraschende Wendung nehmen können – glaubt man der Schilderung des »Kaisers«. Bei einem gemeinsamen Essen im *Riverside Café* in Brooklyn habe Nurejew »noch vor der Nachspeise« Beckenbauers Knie getätschelt und ihm Avancen gemacht. Beckenbauer versuchte daraufhin, seinem Kumpel charmant eine Grenze zu setzen, und sagte zu ihm: »Du, Rodolfo, lass es gut sein, ich bin von der anderen Fakultät.«

Beckenbauer und Nurejew blieben weiterhin Freunde. Sie haben zwar nie wieder darüber gesprochen, Beckenbauer war seinem Freund aber auch nie böse. »Unerwiderte Liebe ist ja ein klassisches Opernmotiv, da wollte ich nicht in der Wunde bohren«, sagte er. Und immerhin hat Nurejew es geschafft, Beckenbauer die Welt der Oper zu eröffnen.

Ein großzügiges Geschenk für »Kult-Masseur« Rieger

1980 kehrte Franz Beckenbauer überraschend in die Bundesliga zurück und unterschrieb einen Vertrag beim Hamburger SV, dem damals wohl erfolgreichsten Klub in Deutschland. In erster Linie hatten ihn Branko Zebec, sein ehemaliger Trainer in München, und Günter Netzer, sein Freund aus Nationalmannschaftstagen, zum HSV gelockt. Zebec war zunächst Trainer des HSV, Netzer amtierte als Manager. Zum Betreuerstab des HSV zählte auch Physiotherapeut Hermann Rieger, der wie Beckenbauer gebürtig aus Oberbayern stammt.

Beckenbauer und Rieger verbrachten nicht nur viel Zeit gemeinsam auf der Massagebank. Der »Kaiser« hielt auch die bayerische Esskultur im Norden hoch. Regelmäßig ließ er Weißwürste aus München nach Hamburg liefern und lud zum gemeinsamen Weißwurstessen ein, woran Rieger regelmäßig teilnahm. Eines Tages geriet Rieger allerdings in Schwierigkeiten. Sein Auto gab auf dem Weg zum Training den Geist auf – und Rieger, der finanziell nicht gut aufgestellt war, konnte sich den Kauf eines neuen Autos nicht leisten. Der Masseur wusste nicht, wie er weiterhin zur Arbeit kommen sollte.

»Die Lösung meiner Probleme war genauso rasch wie überraschend«, berichtete Rieger in einem Gastbeitrag für das Buch *Schau'n mer mal*: »Denn am Nachmittag brachte mir Franz einen Scheck mit in die Kabine« – über satte 10 000 D-Mark. Er habe das Geschenk zunächst nicht annehmen wollen, erklärte Rieger, da ihm die Situation peinlich gewesen sei. Der »Kaiser« winkte jedoch ab: »Gib es mir zurück, wenn du es wieder mal übrig hast.« Durch diese großzügige Geste konnte Rieger seinem Job beim HSV weiterhin nachgehen. Rieger stieg zum »Kult-Masseur« der Bundesliga auf – und beendete erst über 20 Jahre später im Jahr 2004 aufgrund einer Krebserkrankung seinen Dienst.

Die kuriose Geburt von »Teamchef Beckenbauer«

Historisch betrachtet wirkt es nachvollziehbar: Franz Beckenbauer war einer der besten Fußballer der Welt. Folgerichtig wurde er später einer der besten Trainer der Welt und triumphierte mit Deutschland bei der Weltmeisterschaft 1990. Doch zahlreiche Anekdoten um den »Kaiser« wirken kurios – auch jene, wie er 1984 überhaupt zum Trainer der deutschen Nationalmannschaft befördert wurde.

Die Vorgeschichte: Zu Beginn der 1980er-Jahre stand das DFB-Team für seinen einfallslos wirkenden, aber effizienten Fußball oftmals in der Kritik. Trainer Jupp Derwall führte die Nationalmannschaft 1980 zum Gewinn der Europameisterschaft und 1982 zur Vize-Weltmeisterschaft. Doch bei der Europameisterschaft 1984 brach das fragile System zusammen. Das DFB-Team schied bereits nach der Vorrunde aus. Es war eine große Blamage für den deutschen Fußball. Die Rücktrittsforderungen Richtung Derwall wurden in der Öffentlichkeit immer lauter, während der Coach selbst sich zunächst mit einem offiziellen Statement zurückhielt.

Franz Beckenbauer war unterdessen als Kolumnist für die *Bild*-Zeitung tätig. Der Legende nach haben die Journalistenkollegen die Initiative ergriffen, um den »Kaiser« ins Amt des Bundestrainers zu hieven. So soll Beckenbauer bei einer internen Diskussion letztendlich gesagt haben, er könne sich eine Funktion als Technischer Berater beim DFB vorstellen, um den deutschen Fußball wieder auf Vordermann zu bringen. Die *Bild*-Zeitung titelte dann aber: »Franz: ›Ich bin bereit.‹« Die Angelegenheit kam ins Rollen, auch wenn es noch kompliziert wurde.

Jupp Derwall gab kurz nach der EM doch seinen Rücktritt bekannt. Dabei ließ er verlauten, dass er sich schon vor dem Turnier, im Einvernehmen mit DFB-Präsident Hermann Neuberger, Gedanken über seinen möglichen Nachfolger gemacht habe. Den Zuschlag sollte Helmut Benthaus erhalten. Der gebürtige Westfale führte die junge Mannschaft des VfB Stuttgart 1984 überraschend zur deutschen Meisterschaft. »Der DFB hatte mich auf dem Zettel«, bestätigte Benthaus im Jahr 2010 im Gespräch mit dem Magazin *11Freunde* den Sachverhalt. »Aber ich hatte noch einen Vertrag, den wollte ich von mir aus nicht auflösen.« Immerhin hatte Benthaus in Stuttgart einen sehr guten Namen und auch viele Freunde. »Und der VfB machte von sich aus auch nicht den ersten Schritt«, erinnert sich Benthaus.

Medienberichten zufolge wollte der DFB für Benthaus auch keine Ablöse an den VfB Stuttgart zahlen. So hatte sich der DFB zunächst auf folgende Kompromisslösung mit allen Parteien verständigt: Beckenbauer sollte das DFB-Team bis Sommer 1985 coachen, dann könne Benthaus, wenn er denn wolle, dem »Kaiser« nachfolgen. Das *kicker*-Sportmagazin bezeichnete Beckenbauer zunächst als »Chef auf Zeit«.

Blieb aber noch ein weiteres Problem für Beckenbauer: Er besaß keine Trainerlizenz! Formal durfte er das DFB-Team gar nicht trainieren. Zahlreiche Trainerkollegen liefen deshalb Sturm gegen den neuen Bundestrainer. Beckenbauer reagierte und erwiderte seinen Kritikern: Er habe schon alles als Spieler erlebt, eine Lizenz sei daher nicht zwingend nötig. Zumal er ja nur dem deutschen Fußball zeitlich begrenzt helfen wolle und für Benthaus später den Platz freiräume.

Der DFB wiederum ließ sich auch zu diesem Thema eine besondere Lösung einfallen. Beckenbauer wurde nicht als »Bundestrainer« deklariert, sondern als »Teamchef«. Co-Trainer Horst Köppel und ab 1987 Holger Osieck wurden mit ihrer jeweiligen amtlichen Lizenz als Coaches vorgeschoben.

Während Beckenbauer seine Rolle als Teamchef mit viel Leidenschaft und Professionalität ausfüllte, erfuhr Helmut Benthaus zahlreiche Rückschläge mit dem VfB Stuttgart. Die Schwaben schieden in der Saison 1984/85 bereits in der ersten Runde des Landesmeistercups aus. Auch im DFB-Pokal war früh Schluss und in der Bundesliga hinkte Stuttgart den Topklubs deutlich hinterher. Irgendwann wurde der Plan dann verworfen »und Franz Beckenbauer hat den Job übernommen«, stellte Benthaus gegenüber *11Freunde* fest. Benthaus verzichtete im Laufe der Saison endgültig auf den Job beim DFB. Mit dem VfB Stuttgart schloss er die Spielzeit 1984/85 als Tabellen-Zehnter ab und ging zurück in die Schweiz zu seinem Stammverein FC Basel.

Beckenbauer stieg fortan zur »Lichtgestalt« des deutschen Fußballs auf. Er übernahm das DFB-Team am gefühlten Abgrund. Er führte es zur

Vize-Weltmeisterschaft 1986, ins Halbfinale der Heim-Europameisterschaft 1988 und, als Krönung, zum WM-Titel 1990. Die offizielle Trainerlizenz erhielt er vom DFB geschenkt.

»Noch so ein Zauberer«

Franz Beckenbauer stand als Teamchef der deutschen Nationalmannschaft zwischenzeitlich in der Kritik. Von den ersten 13 Spielen unter seiner Führung konnte das DFB-Team nur sechs Partien gewinnen. Im November 1985 stellte sich Beckenbauer im *Aktuellen Sportstudio* des ZDF den Fragen von Moderator Harry Valérien. Beide lieferten sich fast eine halbe Stunde lang ein intensives Wortgefecht.

So wollte Valérien wissen, ob Beckenbauer nun »dünnhäutiger« auf Kritik reagiere. »So empfindlich waren Sie noch nie«, spitzte Valérien zu. Beckenbauer widersprach. »Ich bin vielleicht jetzt engagierter, was den Fußball im Allgemeinen anbelangt«, entgegnete er und betonte, dass er unfaire Urteile und Bewertungen in den Medien nicht mehr unwidersprochen hinnehmen wolle.

»Ich wehre mich also dagegen, wenn ich Kommentare da jetzt vom Michael Palme oder von eurem – wie heißt er? – Ploog; jetzt habt's da noch so einen Zauberer«, spottete Beckenbauer über den ZDF-Kommentator Marcel Reif, der gerade vom Politik- ins Sportressort gewechselt war, und legte nach: »Wie heißt der? Reif? Oder wie?« Und dann: »Der spricht wunderbare politische Kommentare. Aber bitteschön lasst ihn vom Fußball weg.« Das Studiopublikum lachte herzlich – Marcel Reif wurde dagegen zu Hause vor dem TV-Bildschirm ganz anders. Für ihn war es eine gefühlte »Hinrichtung«.

Zum 70. Geburtstag von Beckenbauer schrieb Reif einen Gastbeitrag für das Magazin *Playboy* und ging nochmals auf die Szene aus dem Jahr 1985 ein. »Ich bin fast aus meinem Sessel gerutscht«, erinnerte er sich. »Ich dachte, meine Karriere als Sportreporter sei zu Ende, ehe sie begonnen hatte«, verriet Reif.

Später arbeiteten Reif und Beckenbauer unter anderem für den Pay-TV-Sender Premiere zusammen. Reif sprach Beckenbauer auf seine Aussage im *Aktuellen Sportstudio* an und hielt ihm vor: »Du hättest mich vernichten können!«

Beckenbauer hingegen, so berichtet Reif, habe ihm trocken geantwortet: »Wenn ich dich nicht gemocht hätte, hätte ich gar nichts gesagt.«

»Suppenkasper«

Franz Beckenbauer war der erste deutsche Fußballer, der lukrative Werbeverträge erhielt. Die Mischung aus erfolgreichem Profi, attraktivem Aussehen und besonderem Charme machten ihn bereits in den 1960er-Jahren für die Werbebranche besonders interessant.

Seine Nebenkarriere als »Werbeikone« begann eigentlich bei der Nationalmannschaft. Der Hersteller eines Haarpflegemittels schloss einen Vertrag mit den Nationalspielern ab. Pro Akteur wurde ein Honorar von 1000 D-Mark vereinbart. Für damalige Verhältnisse war das eine stolze Summe, doch als Beckenbauer FC-Bayern-Manager Robert Schwan von diesem Deal berichtete, zeigte sich Schwan entsetzt. Der frühere Obsthändler und Direktor einer Versicherungsagentur war überzeugt, dass ein angehender Weltstar wie Beckenbauer bei potenziellen Werbepartnern deutlich höhere

Summen aufrufen könne. Beckenbauer beförderte Schwan zu seinem persönlichen Manager und bat ihn, seine Werbeverträge auszuhandeln. Schwan ließ sich nicht zweimal bitten und griff noch beim ersten Vertragsdeal ein. Da Beckenbauer noch nicht volljährig war, konnte Schwan den Werbevertrag mit dem Hersteller des Haarpflegemittels kündigen.

Der erste hochdotierte Werbevertrag folgte kurz darauf. Er dürfte zahlreichen Fußballfans noch heute in Erinnerung sein. »Kraft in den Teller – Knorr auf den Tisch. Schmeckt gut!«, bewarb Beckenbauer ein Suppenprodukt. Es gibt unterschiedliche Angaben, wie viel Geld er für diesen Werbespot erhielt. Laut der Biografie *Der freie Mann* kassierte Beckenbauer die Summe von 12 000 D-Mark.

Die Werbung für den Suppenhersteller sollte aber 20 Jahre später, bei der Weltmeisterschaft 1986 in Mexiko noch ein Nachspiel haben: Teamchef Franz Beckenbauer entschied sich dafür, als Nummer eins im Tor auf Harald Schumacher zu setzen. Schumacher-Konkurrent Uli Stein hatte das Nachsehen und musste sich mit der Ersatzbank begnügen. Die Lage im DFB-Team galt deshalb als angespannt. Es folgte ein negativer Höhepunkt: Uli Stein wurde vorzeitig vom Turnier nach Hause geschickt, da er den »Kaiser« einen »Suppenkasper« genannt haben soll.

Bis heute wird Uli Stein regelmäßig zu dem Vorfall befragt. Im Jahr 2017 klärte er im Gespräch mit *Sport-Bild* nochmals über die Situation auf. Er habe Beckenbauer nicht direkt ins Gesicht gesagt, er sei ein »Suppenkasper«, so Stein, sondern die Aussage habe sich aus einem Gespräch mit Teamkollegen ergeben. Wenn im Team beim Essen über anwesende Personen gesprochen wurde, wurden nur die Anfangsbuchstaben genannt. »Also BV für Berti Vogts. Ich sagte irgendwann SK«, leitete Stein die Szene von 1986 ein und berichtete vom weiteren Ablauf: »Alle überlegten, wer das sein könnte. Niemand kam darauf.« Stein zeigte also nach vorne in Richtung Beckenbauer und sagte: »Suppenkasper«, weil »er ja mal Werbung für Knorr-Suppen gemacht hatte«.

Stein berichtete weiter: »Alle lachten, es war ein Flachs.« Doch dann stand es auf einmal in der Zeitung – und war nicht mehr zu stoppen. Der frühere Weltklasse-Keeper betonte zudem, dass er nicht auf Anweisung von Beckenbauer nach Hause geschickt wurde: »Es war Präsident Hermann Neuberger.« Vor Steins Abreise sei Beckenbauer sogar noch auf sein Zimmer gekommen, um ihm zu sagen, wie sehr er es bedauere, dass er aber nichts unternehmen könne, weil die Anweisung von ganz oben komme.

Beckenbauer und Stein legten den Vorfall bald ad acta. Der Teamchef stellte Stein später sogar in Aussicht, ihn zur WM 1990 zu nominieren. Beckenbauer entschied sich am Ende jedoch für Bodo Illgner. Zwischen Beckenbauer und Stein entwickelte sich aber keine Dauerfehde. Beide respektierten sich. Schließlich waren sie zwei Jahre lang Teamkollegen beim Hamburger SV gewesen und feierten 1982 den Gewinn der deutschen Meisterschaft.

»Elfmeterkiller« Illgner

Franz Beckenbauer führte als Teamchef die deutsche Nationalmannschaft zum Titelgewinn bei der Weltmeisterschaft 1990. Im Halbfinale gegen England wirkte Beckenbauer jedoch für kurze Zeit machtlos. Gegen den ewigen Rivalen von der Insel ging es nach einem 1:1 nach Verlängerung ins Elfmeterschießen. Bei den ausgewählten Schützen war Beckenbauer guten Mutes. Kopfzerbrechen bereitete ihm dagegen ausgerechnet sein eigener Torwart: Bodo Illgner.

»Ich war mir nicht sicher, ob er einen Elfmeter hält, weil der Bodo Illgner kein ›Elfmeterkiller‹ ist«, verriet Beckenbauer nach dem Turnier in einer Dokumentation der ARD. Beckenbauer führte über den damals 23 Jahre alten Keeper des 1. FC Köln aus: »Er ist ein sehr guter Torhüter.« So habe er nicht zuletzt bei der Weltmeisterschaft gezeigt, dass er in seinem Metier die Nummer eins ist. »Aber er ist kein Torhüter, der einen Elfmeter ahnt oder einen Elfmeter riecht.«

Dieser Eindruck verstärkte sich bei Beckenbauer während der ersten Wochen der WM, als das deutsche Team im Training bereits regelmäßig das Elfmeterschießen geübt hatte: »Dabei war der Bodo immer eine einzige Katastrophe.« Süffisant berichtete Beckenbauer von seiner Schlussfolgerung und wie er sich gedacht hat: »Wenn es zum Elfmeterschießen kommt, kann ich nur hoffen: Entweder er wird angeschossen oder einer verschießt.«

Tatsächlich wurde Beckenbauers Hoffnung im WM-Halbfinale Realität: Zunächst hatten jeweils die ersten drei Schützen von England (Gary Lineker, Peter Beardsley, David Platt) und Deutschland (Andy Brehme, Lothar Matthäus, Karl-Heinz Riedle) ihren Elfmeter sicher verwandelt. Dann trat Stuart Pearce für die Briten an. Pearce schoss den Ball halbhoch in die Mitte, Illgner hechtete vom Schützen aus gesehen nach links, glücklicherweise blockierten aber seine Beine das Leder noch in der Luft – Illgner hielt den Elfmeter, weil er angeschossen wurde!

Im Anschluss brachte Olaf Thon das DFB-Team mit 4:3 in Führung. Nun war Chris Waddle gefordert. Er musste treffen, um England weiter im Rennen zu halten. Waddle lief an – und jagte den Ball deutlich über das Tor. Er verschoss. Deutschland war im Finale. Dank »Elfmeterkiller« Illgner.

Schwachstelle Ziege? Ein Tipp für einen guten Freund

Franz Beckenbauer führte als Teamchef die deutsche Nationalmannschaft zum Weltmeistertitel 1990. Zum damaligen Trainerteam zählte auch Holger Osieck. Die beiden mittlerweile guten Freunde zog es nach der WM weiter zu Olympique Marseille, doch nach einer von internen Querelen geplagten Saison beendeten sie ihr Engagement schon bald in Frankreich. Zur Spielzeit 1991/92 nahm Osieck einen neuen Job an: Er wurde Cheftrainer des VfL Bochum.

Am 6. Bundesliga-Spieltag trat der VfL beim FC Bayern an. Bei den Münchnern hatte Franz Beckenbauer noch kein Amt inne, aber seinem Weggefährten stattete er vor der Partie einen Besuch in der Kabine des Münchner Olympiastadions ab. Dabei hatte er für die Bochumer offenbar auch einen wertvollen Tipp parat, wenn man der Erzählung von Frank Benatelli Glauben schenkt. Benatelli stürmte damals für den VfL Bochum – und Ben Redelings, Buchautor und Kolumnist bei n-tv.de, zitiert Benatelli vom Zusammentreffen von Beckenbauer und Osieck wie folgt. Beckenbauer sei vor dem Spiel in die Kabine gekommen und habe gemeint: »Immer nur schön über links spielen. Da steht der Ziege, der kann nichts.« Genau diesen Tipp haben die Bochumer dann auch während des Spiels befolgt.

Besagter Christian Ziege war damals 19 Jahre alt und bestritt seine zweite Bundesligasaison beim FC Bayern. Der linke Mittelfeldspieler hatte bis dato insgesamt 18 Bundesligapartien absolviert, die Bochumer konnte er gemeinsam mit seinen Teamkollegen jedoch nicht stoppen. Frank Benatelli erzielte in der 81. Spielminute das Tor zum 2:0-Endstand.

Das Tragische für Bochum: Seit ihnen Beckenbauer offenbar keine Tipps mehr gibt, ist es auch nichts mehr mit einem Sieg beim FC Bayern geworden. Das 2:0 vom 28. August 1991 ist der bis heute (Stand: Ende 2019) einzige Pflichtspiel-Auswärtssieg der Westfalen bei den Münchnern.

Für Franz Beckenbauer und Christian Ziege gab es hingegen ein sportliches Happy End. Als Beckenbauer zur Rückrunde 1994 den FC Bayern als Trainer übernahm, kam Ziege regelmäßig zum Einsatz. So holten beide gemeinsam die deutsche Meisterschaft 1994 und feierten 1996 den Triumph im UEFA-Cup-Finale gegen Girondins Bordeaux.

Franz Beckenbauers Glaube an Reinkarnation

Schon lange Zeit beschäftigt sich Franz Beckenbauer damit, was nach dem Tod geschieht, wie er bereits in seiner Biografie *Ich – wie es wirklich war* aus dem Jahr 1992 betonte.

Das erste einschneidende Erlebnis war der Tod seines Vaters im Jahr 1977. Sollte man selbst einmal nicht mehr in der Lage sein, eine bestimmte Verantwortung zu tragen oder eine ganz persönliche Pflicht zu erfüllen, dann sei der eigene Vater derjenige, der sie für einen übernehmen würde, erklärte Beckenbauer in seiner Biografie. Diese Rückversicherung für sein Leben war im Alter von 32 Jahren weggefallen, weshalb in ihm das Gefühl aufkam, einen wichtigen Anker in seinem Leben verloren zu haben.

Zwischen 1988 und 1990 geschahen drei plötzliche Todesfälle in Beckenbauers näherem Umfeld. Er trauerte um die verstorbenen Personen und war zutiefst getroffen über die Umstände, die zum jeweiligen Tod führten.

1988 erfuhr er vom tragischen Tod seines früheren Trainers Branko Zebec, mit dem er 1969 das erste Double in der Klubgeschichte des FC Bayern gewonnen hatte. Zebec verschluckte sich offenbar beim Essen – und erstickte daran.

Etwa ein Jahr später schockierte Beckenbauer der Mord an Alfred Herrhausen. Am 30. November 1989 wurde der Chef der Deutschen Bank Opfer eines Bombenattentats. Zwei Tage zuvor hätte Beckenbauer Herrhausen bei einem Wirtschaftstreffen in München persönlich kennenlernen sollen. Aufgrund eines Unwetters in Spanien, wo Beckenbauer sich zwischenzeitlich geschäftlich aufgehalten hatte, konnte er nicht zurück nach München fliegen und verpasste das Treffen mit Herrhausen. Beckenbauer kommentierte den Tod von Herrhausen folgendermaßen: Irgendjemand habe sich in seinem absolut absurden Kampf gegen die Gesellschaft ein Opfer ausgesucht, habe sich dabei willkürlich für Alfred Herrhausen entschieden und ihm damit nicht nur das Leben, »sondern auch die Chance auf einen bewussten, würdevollen Tod genommen«.

Auch der Tod von Lew Jaschin löste in Beckenbauer einen intensiven Gedankenprozess aus. Der Russe Jaschin gilt bis heute als einer der besten Torhüter in der europäischen Fußballgeschichte. Beckenbauer verehrte neben Idol Fritz Walter auch die »schwarze Spinne« Jaschin. Bei der Weltmeisterschaft 1966 erzielte er im Halbfinale sogar ein Traumtor gegen den russischen Keeper. Deutschland ging mit 2:1 als Sieger vom Platz. Später hielten beide Fußballidole Kontakt und es kam zu gelegentlichen Treffen.

Gesundheitlich ging es mit Jaschin jedoch stetig bergab, unter anderem hatte er eine Beinamputation zu verkraften. Beckenbauer war überzeugt: Wäre Jaschin einst aus der Sowjetunion nach Westeuropa geflohen, hätte er ein längeres Leben führen können. Doch Jaschin erklärte Beckenbauer, warum er nie einen Fluchtversuch unternommen hatte. »Die Menschen in unserem Land haben mich auf eine Art geliebt.« Er war sich bewusst, dass er ihnen mit seinem Spiel Freude und manchmal auch Stolz gab. »Wie hätte ich sie allein lassen können?«, fragte Jaschin. Indem er, der er auf der ganzen Welt bekannt war, dort blieb und genauso lebte wie alle anderen auch, wollte er den Menschen Hoffnung geben. Beckenbauer war beeindruckt von Jaschin, der dem Tod sozusagen kontrolliert ins Auge sah. Im März 1990 verstarb die Torwartlegende.

All diese Sterbefälle führten Beckenbauer dazu, sich noch intensiver mit dem Sinn von Leben und Tod auseinanderzusetzen. So habe er nicht zuletzt durch das Attentat auf Alfred Herrhausen immer und immer wieder über den Tod nachgedacht. Er habe darüber gegrübelt, wie er selbst sterben möchte – sofern es von seinem Wunsch abhängen könnte. In *Ich – wie es wirklich war* gab er zu, dass er froh wäre, wenn es kein »Sekunden-Tod« sein würde, »kein Infarkt, kein Unfall, sondern ein bewusster Abschied«. Selbst einen schmerzhaften Tod würde er ertragen, denn er glaube daran, dass der Tod »nur der Übergang in eine andere Existenz ist, dass es eine Wiedergeburt gibt«.

Vor der Veröffentlichung seiner Biografie 1992 hatte Beckenbauer bereits ein Interview zum

Thema Reinkarnation gegeben. Allerdings fühlte er sich von den Reaktionen danach in den Medien nicht ernstgenommen. So betonte Beckenbauer, dass er in verkürzter Form kaum seine auf Jahre gewachsene Glaubenseinstellung in einem einzigen Interview erklären könne.

Eine zweite thematische Säule, die zu Beckenbauers intensiver Suche nach dem Glauben führte, waren sein Karriereende als Profi 1982 und sein (vermeintliches) Karriereende als Trainer nach der erfolgreichen WM 1990 und einem kurzen Abstecher als Coach und Technischer Direktor bei Olympique Marseille. Als er plötzlich nicht mehr das gehetzte Leben eines Profis führen musste, der stets in Eile und immer unterwegs zu neuen Aufgaben war, da habe er angefangen, sämtliche Bücher über fremde Religionen zu lesen, die er in die Hand bekommen konnte. So fragte er sich: »Was ist wirklich wichtig für dich, jetzt, in der zweiten Hälfte deines Lebens?«

Er habe sich in verschiedene Weltreligionen eingelesen und versucht, »die Ideen zu finden, die ich für mich akzeptieren kann«. So entstand für ihn der Glaube, an dem er sich orientieren kann. Dabei habe ihm auch die Beschäftigung mit Philosophen und Denkern wie Konfuzius und Laotse sehr geholfen. »Ich glaube an ein Weiterleben nach dem Tod, in einer anderen Existenz«, so Beckenbauer. Und genau das ist der Grund, weshalb er sich einen bewussten Tod wünscht: Er möchte sich darauf vorbereiten können, dass seine Seele den »Körper verlässt und in einer anderen Form wiederkehrt«, stellte Beckenbauer fest.

Anfang der 1990er-Jahre gab es nur wenige Prominente, die so offen über ihren vom Mainstream abweichenden Glauben reden konnten. Folglich wurde Beckenbauer des Öfteren zum Thema Reinkarnation befragt. Dabei bejahte er stets seinen Glauben an die Wiedergeburt. »Vielleicht war ich schon mal da, als Pflanze oder so«, mutmaßte er und fügte hinzu, dass er es nicht wissen könne. »Ich habe mich bislang noch nicht rückführen lassen. Aber das möchte ich vielleicht mal«, sagte Beckenbauer 1994 in einem Interview der *Berliner Zeitung*. Und 2005 fand ein Interview von Beckenbauer mit der Society-Zeitschrift *Bunte* weite Verbreitung. »Wenn ich in stofflicher Form wieder auf die Welt käme«, sagte er dort, »wäre es keine schlechte Idee als Frau.«

Den Hintergrund zu diesem Gedanken hatte er in seiner Biografie ausgeführt: Demnach gebe es Erlebnisse, etwa die Geburt eines Kindes, sowie Gefühle und Eigenschaften, die eben nur eine Frau hat. Und die würde Beckenbauer durchaus einmal gerne kennenlernen. Er betonte aber, dass es ein Unterschied zwischen »Interesse« und »Wunsch« gebe. Es sei kein Wunsch von ihm, als Frau auf die Welt zurückzukehren und Kinder zu bekommen, sondern »es ist eine Möglichkeit, ein Gedanke«, sagte er.

»Schülermannschaft«

Durch das »Phantomtor« von Thomas Helmer setzte der Deutsche Fußball-Bund (DFB) in der Saison 1993/94 die Partie des FC Bayern gegen den 1. FC Nürnberg neu an. Am 3. Mai 1994 kam es vor dem letzten Bundesliga-Spieltag zum bayerischen Derby. Der FC Bayern konnte mit einem Sieg gegen den Club wieder am Tabellenführer 1. FC Kaiserslautern vorbeiziehen. Doch zur Pause stand es 0:0!

Franz Beckenbauer tobte – und provozierte laut Abendzeitung seine Spieler: »Wenn ihr nicht

Meister werden wollt, dann gehe ich jetzt zum
Schiedsrichter Heinemann und lasse das Spiel
abbrechen!« Die »Kabinenpredigt« des seit
rund vier Monaten im Amt tätigen Bayern-Coa-
ches wirkte: In der zweiten Halbzeit trafen die
Münchner fünfmal! Mehmet Scholl (47., 58.),
Bruno Labbadia (79., 88.) und Dietmar Hamann
(83.) erzielten die Tore für die Roten.

Beckenbauer begründete nach dem 5:0-Sieg
gegen den 1. FC Nürnberg seine Halbzeit-An-
sprache, bei der er zum ersten Mal wirklich
laut werden musste: »Weil sie in der ersten
Halbzeit wie eine Schülermannschaft gespielt
haben.« Dann, in der zweiten Halbzeit habe
seine Mannschaft endlich Fußball gespielt. So
kam es besser als gedacht: Der FC Bayern ging
mit einem Punkt Vorsprung auf Kaiserslautern
in den letzten Spieltag, dazu hatten die Münchner auch eine um drei Treffer bessere Tordiffe-
renz als die Pfälzer. Mit einem 2:0-Erfolg gegen
Schalke machte die zeitweilige »Schülermannschaft« den Titelgewinn perfekt.

Die Weißbierglas-Challenge

Franz Beckenbauer übernahm in der Winter-
pause 1993/94 den FC Bayern als Interimstrainer auf Tabellenplatz drei und peilte den
Gewinn der deutschen Meisterschaft an. Beckenbauer durchlebte allerdings eine turbulen-
te Rückrunde. Seine Premiere als Bayern-Coach
ging am 21. Spieltag mit einem 1:3 gegen den
VfB Stuttgart schief.

Nach der Pleite gegen Stuttgart gewannen die Bayern zwischen dem 22. und dem
28. Spieltag sechs der sieben Partien und nahmen wieder Kurs auf die Meisterschaft. Am
31. Spieltag jedoch folgte eine empfindliche
0:4-Niederlage beim schärfsten Konkurren-
ten 1. FC Kaiserslautern, was das Titelrennen
nochmal spannend machte. Zudem wurde
ein Sieg gegen den 1. FC Nürnberg aufgrund
eines »Phantom-Tors« aberkannt und neu an-
gesetzt. Zum Glück für die Münchner wurde
das Wiederholungsspiel gegen Nürnberg sogar noch höher gewonnen – und so reichte
am letzten Spieltag der Saison ein 2:0-Sieg
über Schalke 04 aus, um nach drei titellosen
Jahren die Meisterschale nach München zu
rückzuholen.

Bei der extra organisierten Meisterparty der Mannschaft am Samstagabend war auch das ZDF live zu Gast. Das vom Erfolg berauschte Team wollte den Zuschauern des *Aktuellen Sportstudios* zusätzliches Spektakel bereiten und wartete mit einer kuriosen Idee beim traditionellen Torwandschießen auf: Der Fußball wurde auf ein am Boden stehendes, gefülltes Weißbierglas gelegt – und Franz Beckenbauer war für den Kunstschuss vorgesehen. »Wir spielen praktisch mit Handicap«, leitete Beckenbauer ein und betonte: »Wir wollen zeigen, wie das jetzt geht.« Er bereitete sich auf den Schuss vor und hob die Hose seines feinen Anzugs an. Beckenbauer traf mit seinen Lackschuhen technisch perfekt den Ball. Das Leder hoppelte vier Mal am Boden auf – und passte genau durch das untere Eckloch der Torwand. Ein sensationeller Treffer!

Die Meisterschaft gerettet, an der Torwand gezaubert: So kam bei den Bayern-Fans erneut das Gefühl auf, dass dem »Kaiser« einfach alles gelingen kann.

Beckenbauer gewinnt den »Cup der Verlierer«

Dass dem »Glückskind« Franz Beckenbauer im Fußball noch etwas misslingen könnte, galt Anfang der 1990er-Jahre in Fußball-Deutschland eher als ausgeschlossen. Spätestens nachdem der »Kaiser« den FC Bayern als Interimstrainer 1994 noch zur deutschen Meisterschaft geführt hatte, war der Hype um Beckenbauer ins Unermessliche gestiegen.

Ende April 1996 ließ sich Beckenbauer überreden, nochmal als Trainer des FC Bayern einzuspringen. Der zuvor bei Werder Bremen sehr erfolgreiche Otto Rehhagel hatte zu Beginn der Saison 1995/96 das »Dream-Team« beim FC Bayern übernommen. Der Kader war in dieser Spielzeit auch für Münchner Verhältnisse mit einer besonders hohen Anzahl an Stars gespickt. Die Führungsspieler um Jürgen Klinsmann, Thomas Helmer und Lothar Matthäus waren sich jedoch untereinander uneins, gleichzeitig attackierten einige Spieler Trainer Otto Rehhagel öffentlich. Die Münchner wurden bundesweit als »FC Hollywood« verspottet. In der Rückrunde der Bundesliga ließen sie einige Punkte gegen vermeintlich schwächere Teams liegen. So drohten sie die Meisterschaft zu verspielen. Nach einer 0:1-Heimniederlage gegen Hansa Rostock wurde Rehhagel entlassen.

Beckenbauer, der weiterhin als Präsident der Roten amtierte, besaß als Interimscoach noch vier Spieltage Zeit, um Borussia Dortmund die Tabellenführung zu entreißen. Pikant: In der Bundesliga lief es für den FC Bayern unter Leitung von Otto Rehhagel durchwachsen. Aber international trumpfte die Mannschaft mit ihrem vermeintlich ungeliebten Coach auf. Mit herausragenden Spielen wie gegen den FC Barcelona zogen die Münchner ins Finale des UEFA-Cup-Wettbewerbs ein.

So startete Beckenbauers zweite Amtszeit als Bayern-Trainer mit dem Final-Hinspiel gegen den französischen Topklub Girondins Bordeaux. Der FC Bayern siegte mit 2:0 und verschaffte sich eine optimale Ausgangslage für das Rückspiel. Ein Start nach Maß für Beckenbauer. Doch in der Bundesliga platzte für den FC Bayern schnell der Traum, Borussia Dortmund noch einzuholen. Nach dem Sieg gegen Bordeaux glückte in der Liga zunächst ein

3:2-Heimsieg über den 1. FC Köln. Doch dann kassierte Beckenbauer bei einem Trainingsunfall ein blaues Auge – und kurz darauf unterlagen die Münchner bei Werder Bremen nach einer 2:0-Führung noch mit 2:3. Ausgerechnet beim Ex-Klub von Otto Rehhagel fiel die Vorentscheidung um die deutsche Meisterschaft. Borussia Dortmund besaß nun drei Punkte Vorsprung in der Tabelle.

Am vorletzten Spieltag unterlag dann Beckenbauers Team mit 1:2 auf Schalke, während Borussia Dortmund im Münchner Olympiastadion 2:2 gegen 1860 München spielte und sich zum zweiten Mal in Folge die Meisterschale sicherte. Im »Wohnzimmer« von Franz Beckenbauer feierten die Dortmunder Spieler und Fans den Titelgewinn glückselig und sangen hämisch: »Vize, Vize-Kaiser Franz!«

Die Bayern-Spieler, die Fans und die Münchner Berichterstatter machten dem »Kaiser« allerdings keinen großen Vorwurf für die verpasste Meisterschaft. Beckenbauer hatte Training und Taktik zum Positiven verändert – doch die Zeit wurde als zu kurz bewertet, um die Fehler von Otto Rehhagel in der Bundesliga korrigieren zu können.

Um die Saison aber noch zu »retten«, wollte der FC Bayern nun auf internationaler Ebene reüssieren. Das Rückspiel im UEFA-Cup-Finale bei Girondins Bordeaux stand an. Vor der Partie mussten sich Beckenbauer und der FC Bayern aber nochmals einigen Spott gefallen lassen. Berichterstatter und Fans waren überzeugt: Beckenbauer habe noch Mitte 1995 den UEFA-Cup-Wettbewerb als »Cup der Verlierer« bezeichnet. Kurz vor dem Final-Rückspiel am 15. Mai 1996 in Bordeaux stellte Beckenbauer im Interview mit der Zeitung *tz* klar, dass er nie vom »Cup der Verlierer« gesprochen habe.

»Das stammt nicht von mir«, betonte er und führte aus: »Ich habe mal gesagt, das ist der Cup der Enttäuschten, nicht der Verlierer.« Der Grund für diese Äußerung: »Wenn man Vizemeister wird, ist man kein Verlierer, aber man ist enttäuscht.« Heutzutage dürfen in der Regel die vier besten deutschen Klubs der Saison in der darauffolgenden Spielzeit in der Champions League starten. 1995/96 durften jedoch nur die nationalen Meister in der Königsklasse antreten. Wer national Platz zwei bis sechs erreichte, startete im UEFA-Cup (heutiger Name: Europa League).

Beckenbauer hob in der *tz* seine Priorität hervor, nämlich dass er mit seinem Team irgendwann wieder in die Champions-League will: »Das ist der Pokal, der zählt. Da bist du Meister, da bist du wer.« Doch Beckenbauer verdeutlichte auch den Wert des UEFA-Pokals: »Im UEFA-Cup spielt halt der Zweite gegen den Vierten.« Allerdings: Wenn man sich ansieht, welche Teams dabei sind, ist er Beckenbauer zufolge durchaus bedeutungsvoll. »Aber ich bewerte die Meisterschaft höher«, schließt er.

In der UEFA-Cup-Saison 1995/96 hatten unter anderem der FC Barcelona und der AC Mailand mitgespielt. Die Münchner setzten sich im Turnier durch und gewannen auch das Final-Rückspiel in Bordeaux mit 3:1. Den Triumph im UEFA-Cup feierte die Mannschaft wenige Tage später zum Saisonabschluss am Münchner Marienplatz mit über 30 000 Fans ausgelassen. Nur der »Kaiser« konnte bei den Feierlichkeiten nicht mit dabei sein. Aufgrund einer Nierenkolik musste er bei der Abschlussfeier passen und für einige Tage ins Krankenhaus. Die Nierenkolik verging. Den Spott, den »Cup der Verlierer« gewonnen zu haben, muss er sich gelegentlich noch heute vorhalten lassen.

Heimspiel in der Fremde? Die Allianz Arena bei Augsburg, Ingolstadt, Landshut oder Rosenheim

Die Allianz Arena in München-Fröttmaning gilt als eine der attraktivsten und modernsten Stadien in Europa. Seit 2005 trägt der FC Bayern im »Schlauchboot« seine Spiele aus – doch bis es zum Bau des Stadions kam, vergingen einige spannungsreiche Jahre. Eine Hauptrolle übernahm bei diesem Projekt Franz Beckenbauer als Präsident des FC Bayern und Chef des Bewerbungskomitees für die Weltmeisterschaft 2006 in Deutschland.

1972 war der FC Bayern vom Grünwalder Stadion in das Olympiastadion umgezogen. In den 1970er-Jahren galt das Stadion als eine sehr attraktive Spielstätte, doch im Laufe der Zeit genügte es nicht mehr modernsten Ansprüchen, sei es, weil rund die Hälfte der Zuschauer keinen überdachten Platz bei Regen besaß, sei es, weil der VIP-Bereich noch ausgedehnt werden musste, um höhere Einnahmen zu erzielen. Zudem galt die Leichtathletik-Laufbahn zwischen Rasen und Publikumsplätzen oftmals als »Stimmungskiller«. Spätestens Anfang der

1990er-Jahre existierten intensive Diskussio-
nen darüber, wie ein neues Stadion für den
FC Bayern aussehen oder ob das Olympiastadion modernisiert werden könnte. Die Frage
der Finanzierung, gesetzliche Hürden und eine
schwierige politische Gemengelage erschwerten jedoch ambitionierte Planungen.

Neuen Schwung in die Debatte brachte die Vergabe der WM 2006 an Deutschland. Das war im
Juli 2000. München erhob den Anspruch, das
Eröffnungsspiel der WM sowie einige weitere
Gruppenspiele und Partien der K.-o.-Runde
auszurichten. Während der Bewerbungsphase
beim Weltverband FIFA gab der Deutsche Fußball-Bund zunächst an, dass es der Plan sei,
das Olympiastadion in München umzubauen.
Doch unter anderem die Regelungen des Denk-
malschutzes erschwerten dieses Vorhaben.

Anfang des Jahres 2001 war immer noch keine Lösung für die Stadionfrage in München in
Sicht, wohingegen andere deutsche WM-Aus-
richtungsstädte bereits vor der Fertigstellung
ihrer Stadien standen. Kurz bevor am 8. Februar 2001 erneut ein »Stadiongipfel« im Münchner Rathaus stattfinden sollte, holte Franz
Beckenbauer zum verbalen Rundumschlag aus.

»Wir werden auf alle Fälle ein neues Stadion bauen«, forderte er. Und wenn die Stadt kein Gelände habe, wolle er es eben außerhalb bauen. »Aber nicht in Neubiberg, Poing oder sonst wo vor den Toren Münchens«, giftete Beckenbauer und begründete seine Worte: »Im Landkreis hat die Stadt ja auch viel mitzureden, und nach unseren Erfahrungen mit der Stadt …«

Ein Journalist der Nachrichtenagentur *Sport-Informationsdienst (sid)* hakte nach: »Dann müssen sie das Stadion ja bei Augsburg, Ingolstadt, Landshut oder Rosenheim bauen.« Beckenbauers trotzige Antwort: »So ist es.« Und er erklärte, dass die Fans ohnehin aus über 200 Kilometern Entfernung angereist kämen. »Denen ist es egal, wo das neue Stadion steht!«

Dann führte Beckenbauer seinen Ärger nochmals aus. Die Stadt begehe einen »Denkfehler«: »Die glauben, die klatschen ein Dach über die Gegengerade und damit kriegen sie die WM-Spiele.« Doch es würde nicht ausreichen, lediglich überdachte Sitzplätze zu haben, denn die FIFA würde bei der Vergabe nicht ausschließlich nach den Minimalanforderungen gehen, sondern sich auch den Rest anschauen. Und da gebe es in Deutschland so einige Arenen, »die mehr zu bieten haben als das Münchner Olympiastadion mit Komplettüberdachung«.

Beckenbauers Aussagen sorgten für Riesenwirbel, einen Tag später kam es zum besagten »Stadiongipfel«. Das Ergebnis: Statt 25 Optionen konnten sich die Beteiligten laut einem Bericht der *Abendzeitung* auf fünf mögliche Standortoptionen in München einigen. Danach ging es relativ schnell mit dem Projekt voran: Im Oktober 2001 votierten die Münchner in einem Bürgerentscheid mit 65,8 Prozent für den Bau der Arena in München-Fröttmaning. Im Oktober 2002 folgte die Grundsteinlegung – und im Sommer 2005 wurde die Arena eröffnet.

Des »Kaisers« Grollen hatte mal wieder allen Beteiligten die nötige Kraft verliehen, das Projekt umzusetzen, hieß es in der Nachbetrachtung. Und die Augsburger, Ingolstädter, Landshuter und Rosenheimer dürften bis heute gut damit leben können, dass der FC Bayern München seine Heimspiele bis auf Weiteres in der Allianz Arena in München austrägt.

»Uwe-Seeler-Traditionsmannschaft«

Am 6. März 2001 verlor der FC Bayern in der Zwischenrunde der Champions League bei Frankreichs Topklub Olympique Lyon deutlich mit 0:3. Die Münchner Stars um Spielmacher Stefan Effenberg und Torwart Oliver Kahn lieferten eine schwache Leistung ab und hätten noch deutlich mehr Gegentore kassieren können. Unbestritten: Der FC Bayern steckte in einer sportlich brenzligen Situation. Das Team durfte sich im letzten Spiel der Zwischenrunde gegen den FC Arsenal keine Niederlage mehr erlauben, um sicher das Viertelfinale der Champions League zu erreichen. Vor dem 0:3 in Lyon hatte der FC Bayern bereits mit 2:3 bei Hansa Rostock verloren und die Tabellenführung in der Bundesliga an Borussia Dortmund abgegeben. Dazu rückten weitere Teams wie Schalke 04 und Bayer Leverkusen im nationalen Ranking immer näher an die Bayern heran. Über allem schwebte zudem noch die dramatische 1:2-Niederlage im Champions-League-Finale 1999 gegen Manchester United.

Für Franz Beckenbauer war die desaströse 0:3-Pleite seines FC Bayern in Lyon zu viel des Schlechten. Er befürchtete, dass die Generation Effenberg ihre wohl letzte Chance auf den Champions-League-Titel leichtfertig verspielen könnte. Ohnehin warteten die Münchner seit 25 Jahren auf den Gewinn des Landesmeistercups.

So hielt Beckenbauer beim Abendessen nach der 0:3-Niederlage gegen Olympique Lyon eine seiner wohl legendärsten Wutreden. Beim Bankett im Salon »Tête d'Or« des Hilton-Hotels setzte der FC-Bayern-Präsident zur verbalen Hinrichtung seiner Stars an. Um fünf Minuten nach 0 Uhr legte der »Kaiser« laut *Abendzeitung* mit seiner Rede los.

»Das war nicht Fußball, das war eine andere Sportart«, schimpfte Beckenbauer zunächst über die 0:3-Schlappe und sprach von einer Blamage. Er forderte die Mannschaft auf, ihr Spiel »komplett umzustellen«, sonst werde man in dieser Saison keine Titel holen. Er monierte, dass keine Zweikämpfe angenommen wurden und dass lediglich zugeschaut wurde. »Das war Altherren-Fußball. Ihr spielt wie die Uwe-Seeler-Traditionsmannschaft«, legte Beckenbauer nach. Die Mannschaft habe sich vorführen lassen, dabei habe der Gegner nicht mal Real Madrid oder FC Barcelona gelautet, sagte

Beckenbauer und zürnte: »Der Fußball, den ihr spielt, den hat man vor 30 Jahren gespielt.« Seiner Meinung nach müsste die Mannschaft sogar noch froh sein, dass sie lediglich 0:3 verloren hat.

Beckenbauer warnte seine Stars. Es sei zwar noch nicht alles verloren, aber »wer seine Einstellung nicht ändert, muss sich einen anderen Beruf suchen«. Er forderte die Spieler auf, an ihre Leistungsgrenze zu gehen – und sendete eine Drohung hinterher: Sollte es einer seiner Jungs noch nicht kapiert haben, »kriegt er noch was ganz anderes zu hören«. Beckenbauer stünde dafür durchaus in den nächsten Tagen zur Verfügung.

Die Rede von Beckenbauer wurde im Nachgang vom Großteil der Fans bejubelt, intern führte Beckenbauers Verhalten zu unterschiedlichen Reaktionen. Trainer Ottmar Hitzfeld beschwichtigte, Beckenbauer wolle durch Provokation das Maximum an Leistung aus den Spielern herausholen. Mittelfeldspieler Thorsten Fink räumte dagegen ein, in seiner Karriere noch nie so »abgewatscht« worden zu sein. Manager Uli Hoeneß wiederum hätte sich eher eine ironische Rede des Präsidenten statt einer scharfen Attacke auf die eigenen Schützlinge gewünscht.

Die Spieler der realen Uwe-Seeler-Traditions-mannschaft – nahezu allesamt Ex-National-spieler – meldeten sich nach Beckenbauers Rede in der Tendenz humoristisch zu Wort. Beckenbauer habe im Eifer des Gefechts »wohl vergessen zu erwähnen, dass wir den gepfleg-teren Fußball spielen», kommentierte Uwe Seeler in der *Abendzeitung*. Legende Willi »Ente« Lippens, damals 55 Jahre alt, tönte: »Die Bayern wären doch froh, wenn sie solche Ballstaffagen hinbekämen wie wir.« Er mahnte Beckenbauer zur Vorsicht: »Wenn wir noch im Saft stünden, etwas jünger wären – wir würden sie weghauen.«

Die FC-Bayern-Mannschaft der Saison 2000/01 zeigte nach diesen Turbulenzen jedenfalls eine deutliche Reaktion und gewann ihre nächs-ten beiden Spiele gegen Energie Cottbus (2:0) in der Bundesliga und gegen Arsenal (1:0) in der Champions League. Etwas mehr als zwei Monate später sicherten sich die Münchner im dramatischsten Bundesligaendspurt aller Zeiten die deutsche Meisterschaft – und weni-ge Tage darauf holten Effenberg und Co. nach einem Sieg im Elfmeterschießen (5:4; Gesamt-score: 6:5) gegen den FC Valencia den Champions-League-Pokal zurück nach München. So werteten die Berichterstatter, aber auch etwa Vize-Präsident Karl-Heinz Rummenigge, die Wutrede von Beckenbauer als bedeutenden Meilenstein auf dem Weg zum ersehnten Titelgewinn – und Beckenbauer und die Bayern-Stars hatten Mitte Mai ihren Humor zurückgewonnen.

Als Beckenbauer nach dem gewonnenen Finale in Mailand wieder beim Bankett das Mikrofon ergriff, gratulierte er den Spielern zum großartigen Erfolg und sagte begeistert: »Es war der Wahnsinn.« Dann leitete der »Kaiser« charmant den Friedensschluss mit seinen Stars ein. Effenberg habe in der Kabine zu ihm gesagt: »Na, für eine Altherrentruppe war's ja wohl nicht schlecht.« Beckenbauers Antwort: »Ich muss dem zustimmen.«

Libero No. 5

Im Jahr 2013 hat Franz Beckenbauer ein neues Geschäftsfeld für sich entdeckt: Er ist unter die Weingutbesitzer gegangen. Beckenbauer ist seitdem gemeinsam mit den Sportberatern Andreas Abold und Fedor Radmann Anteilseigner des Guts Lammershoek im südafrikanischen Swartland. »Seitdem konzentriert sich das Weingut auf nachhaltigen und naturnahen Weinbau« und sei Mitglied der *Swartland Independent Producers*, berichtet die Seite *falstaff.de*. »Ich komme zwar aus Bayern, DEM Bierland«, räumte Beckenbauer ein, aber er habe seine Leidenschaft fürs Weinmachen entdeckt. Das sei nicht nur eine interessante und spannende Aufgabe, sondern »eine sehr schöne noch dazu. Das Weingut liegt inmitten herrlicher Natur«, wurde Beckenbauer zitiert.

Und wie entwickelte sich der »Kaiser« zum Weinliebhaber? Der Szene-Kenner »Captain Cork« sprach Beckenbauer in einem Interview darauf an: Er habe einmal bei einer Raritätenprobe von Hardy Rodenstock neben Beckenbauer gesessen und bemerkt, dass dieser bemüht war, nicht den Weinkenner zu geben, obwohl er durchaus kundig wirkte. »Ist Tief-stapelei in Sachen Genuss und Luxus wichtig, wenn man ein Volksheld ist?«

Beckenbauer antwortete, er habe sich keines-wegs verstellt oder etwas gespielt. Er sei kein Weinkenner, sondern lediglich Weintrinker. »Dieser Abend war meine erste Begegnung mit Bordeaux und so wurde ich Weinliebhaber.« An jenem Abend, vor 25 Jahren im Königshof, wurden ebenfalls Weine aus dem 19. Jahrhundert verkostet. Für Beckenbauer war dies ein prägendes Erlebnis. »Seit dieser Zeit bin ich bekennender Weintrinker und genieße die Weine, die mir schmecken.«

Mit *Libero No. 5*, Jahrgang 2015, gibt es auch einen Wein im breit gefächerten Sortiment, der direkt auf die Profikarriere von Franz Beckenbauer Bezug nimmt. Die Flasche, die mit einem großen Konterfei des Weltmeisters von 1974 verziert ist, kostet im Handel 59,90 Euro. Bei der finalen Cuvéetierung des Rotweins hat Beckenbauer verkostet und selbst zusammengestellt. Der Wein besteht aus den Rebsorten Syrah (77 Prozent), Carignan (12 Prozent), Grenache (7 Prozent), Viognier (3 Prozent) und Chenin Blanc (1 Prozent).

Weinexperte »Captain Cork« beschreibt seine Geschmackseindrücke von *Libero No. 5*: »Feine, saubere und fleischige Nase, sehr würzig.« »Captain Cork« rieche Cashewnüsse, aber keine Vanille und keine Schokolade – er nennt es die typischen Barriquenoten eben. Seine Vermutung: Der Tropfen habe in gebrauchten Fässern gelegen. »Rote Paprika, Lakritze, Anis. Dann frische Kräuter und geschnittenes Gras«, seien weitere Geschmacksnuancen. »So riecht Syrah. Im Mund Superpower mit deutlich mehr Holzaromen als in der Nase.«

Am Ende des Gesprächs mit »Captain Cork« wurde es wieder sportlich. Auf die Frage, welche Idee hinter dem speziellen Wein steckt, erklärte Beckenbauer in TV-Experten-Manier, dass der Libero ein Mann für die besonderen Aufgaben sei und in damaligen Spielsystemen schlicht unersetzbar gewesen wäre. So ähnlich sei auch der *Libero No. 5*: »ein Wein, der von der Spielanlage elegant ist und doch voller Charakter und hohem Wirkungsgrad«. Beckenbauer gestand: »Irgendwie gibt es schon Parallelen zu meinem Verständnis der Spiel- und Genusskultur.«

Beckenbauers Überraschungscoup während der WM 2006

Um die Weltmeisterschaft 2006 nach Deutschland zu holen, bereiste Franz Beckenbauer kurz vor der Jahrtausendwende nahezu jedes Land, um Verbandsfunktionäre und Politiker von Deutschland als Ausrichterland des Wettbewerbs zu überzeugen. Am Ende glückte das Projekt. Beckenbauer setzte zu einer zweiten Tour an. Er besuchte vor der WM alle Nationen, die sich für das Turnier qualifizieren konnten.

Als dann am 9. Juni 2006 die WM in Deutschland startete, war Beckenbauer als Chef des Organisationskomitees omnipräsent. Er versuchte nahezu jedes Spiel live im Stadion mitzuverfolgen, sei es an der Seite des englischen Prinzen William oder der deutschen Bundeskanzlerin Angela Merkel. Parallel war der »Kaiser« auch noch als WM-Experte für das ZDF tätig. Was für ein Trubel!

Zeit, so wollte man meinen, blieb für weitere Aktivitäten keine mehr. Doch da hatten sich alle in Beckenbauer getäuscht. Am 24. Juni wartete die *Bild*-Zeitung mit der Meldung auf: Franz Beckenbauer hat zum dritten Mal geheiratet! Im österreichischen Oberndorf bei Kitzbühel ehelichte der »Kaiser« (60) seine Lebensgefährtin Heidi Burmester (39), mit der er bereits die Kinder Joel (5) und Tochter Francesca (2) bekommen hatte. Bei der Trauung im Standesamt war nur ein kleiner Kreis geladen. Die Trauzeugen waren Petra Zamek und Walter Beckenbauer, der Bruder des »Kaisers«.

Zwar war öffentlich bekannt, dass das Paar wohl nach der WM heiraten wolle, aber dass die Trauung nun so schnell über die Bühne ging, das hatte keiner erwartet. Es war ein echter Coup der Beckenbauers! »Wir wollten wirklich nur für uns sein, wollten jeden Rummel vermeiden«, erklärte Beckenbauer der *Bild*-Zeitung. »Während der WM hat niemand mit unserer Hochzeit gerechnet.« Der damals 60-Jährige verriet zudem: »Der 23. Juni ist der Geburtstag meiner Mutter.« Beckenbauers Mutter Antonie war im Januar 2006 im Alter von 92 Jahren verstorben.

Heidi Beckenbauer sagte über die Hochzeit. »Wir sind einfach nur glücklich.« Und Franz

Beckenbauer betonte: »Ich habe eine tolle Frau, zwei wunderbare Kinder.« Was könne er sich mehr wünschen? »Jetzt sind wir in jeder Beziehung eine glückliche Familie!«

Quellen

Einleitung

Torsten Körner: *Franz Beckenbauer: Der freie Mann*, Fischer Taschenbuch Verlag, Frankfurt am Main 2005, S. 117

Spielerprofil Franz Beckenbauer; *transfermarkt.de*: https://www.transfermarkt.de/franz-beckenbauer/profil/spieler/72347; online abgerufen am 14.11.2019

»WM 2006 – Schweizer Behörde erhebt Anklage gegen Ex-DFB-Funktionäre«; *Sportschau.de*: https://www.sportschau.de/fussball/allgemein/wm-bundesanwaltschaft-schweiz-anklage-100.html; online veröffentlicht am 6.8.2019

Das Debüt in der »Bowazu-Mannschaft«

Torsten Körner: *Franz Beckenbauer: Der freie Mann*, Fischer Taschenbuch Verlag, Frankfurt am Main 2005, S. 7–34

»Mit Schuhen ins Bett«; *tz* München vom 4. September 1995, S. 23

Wie Sammelbilder von Sanella Beckenbauers Sehnsucht befriedigt haben

»Ich hatte ein perfektes Leben«; *Süddeutsche Zeitung Magazin*, Heft 23/2010; https://sz-magazin.sueddeutsche.de/fussball/ich-hatte-ein-perfektes-leben-77340; online abgerufen am 27.10.2019

Blaues Auge statt blaues Trikot – oder: Als ein König den angehenden »Kaiser« ohrfeigte

Torsten Körner: *Franz Beckenbauer: Der freie Mann*, Fischer Taschenbuch Verlag, Frankfurt am Main 2005, S. 47 f.

»Wie ein Füssener mit einer Ohrfeige Beckenbauers Karriere änderte«; *Augsburger Allgemeine* mit weiterem Quellenverweis

auf *Bayerischer Rundfunk* und die Sendung *Blickpunt Sport*;
https://www.augsburger-allgemeine.de/sport/Wie-ein-Fues-
sener-mit-einer-Ohrfeige-Beckenbauers-Karriere-aenderte-
id35379337.html; online veröffentlicht am 7.9.2015

Wie Sepp Herberger die DFB-Karriere von Franz Beckenbauer rettete

»Herbergers Mädchengeschichten retteten die Karriere von
Franz«; Gastbeitrag von Dettmar Cramer in: *Schau'n mer mal.
Franz Beckenbauer – Geschichten und Bilder einer außer-
gewöhnlichen Karriere,* herausgegeben von Tom Bender und
Michael Pfad, Mosaik Verlag, München 1995, S. 58 f.

Torsten Körner: *Franz Beckenbauer: Der freie Mann,* Fischer
Taschenbuch Verlag, Frankfurt am Main 2005, S. 53–58

»Ein Trainer-Beruf kommt für mich wahrscheinlich nicht infrage«

YouTube-Video: »Franz Beckenbauer will mit Fußball nichts
zu tun haben – 1965«; https://www.youtube.com/watch?v=Z5-
81rWpcXQ; online abgerufen am 27.9.2019

Wikipedia-Eintrag über Franz Beckenbauer; https://de.wi-
kipedia.org/wiki/Franz_Beckenbauer; online abgerufen am
27.09.2019

Warum der Wechsel von Franz Beckenbauer zu Inter Mailand geplatzt ist

Tom Bender und Michael Pfad (Hrsg.): *Schau'n mer mal. Franz
Beckenbauer – Geschichten und Bilder einer außergewöhnlichen Karriere,* Mosaik Verlag, München 1995, S. 135

WM-Statistik auf *kicker.de;* https://www.kicker.de/weltmeister-
schaft/spieltag/1966/3; online abgerufen am 10.9.2019

»Chart-Stürmer« Beckenbauer

YouTube-Video: »Franz Beckenbauer – Gute Freunde kann niemand trennen«; https://www.youtube.com/watch?v=kQUJfpcSRQ0; online veröffentlicht am 3.7.2010

Website »Offizielle Deutsche Charts«, Suchanfrage »Gute Freunde kann niemand trennen«; https://www.offiziellecharts.de/titel-details-91647; online abgerufen am 6.9.2019

Franz Beckenbauer: *Ich – wie es wirklich war*, C. Bertelsmann Verlag, München 1992, S. 44

Torsten Körner: *Franz Beckenbauer: Der freie Mann*, Fischer Taschenbuch Verlag, Frankfurt am Main 2005, S. 105 f.

»Franz Beckenbauer war der beste Sänger im Team«; Berti Vogts im Interview mit *Die Zeit*, Teil 2; https://www.zeit.de/sport/2010-06/wm-suedafrika-interview-vogts/seite-2; online veröffentlicht am 12.6.2010

Wie Beckenbauer den Spitznamen »Kaiser« erhielt

Torsten Körner: *Franz Beckenbauer: Der freie Mann*, Fischer Taschenbuch Verlag, Frankfurt am Main 2005, S. 111–114

Abendzeitung München, Ausgabe vom 16./17. Juni 1969, S. 7

Süddeutsche Zeitung, Ausgabe vom 16./17. Juni 1969, S. 32

Franz Beckenbauer als Kinostar

Franz Beckenbauer: *Ich – wie es wirklich war*, C. Bertelsmann Verlag, München 1992, S. 44–46

Wikipedia-Eintrag über »Libero (Film)«; https://de.wikipedia.org/wiki/Libero_(Film); online abgerufen am 8.8.2019

Wie »Blacky« Fuchsberger beinahe Brigitte Beckenbauer erschossen hätte

»Alarm! Fast hätte ich meinen Freund zum Witwer gemacht …«; Gastbeitrag von Joachim Fuchsberger in: *Schau'n mer mal. Franz Beckenbauer – Geschichten und Bilder einer außergewöhnlichen Karriere*, herausgegeben von Tom Bender und Michael Pfad, Mosaik Verlag, München 1995, S. 12 f.

Der »Eigentor-Schützenkönig«

»Auch ein ›Kaiser‹ hat seine Grenzen«; *tz* München, Ausgabe vom 3. Februar 1975, S. 17

»Sepp Maier: ›Für Franz flog ich blau über die Terrasse‹«; Interview in der *Hamburger Morgenpost*; https://www.mopo.de/sport/franz-beckenbauer-wird-70-sepp-maier---fuer-franz-flog-ich-blau-ueber-die-terrasse--22308028; online veröffentlicht am 11.9.2015

Spielerprofil Franz Beckenbauer; *transfermarkt.de*; https://www.transfermarkt.de/franz-beckenbauer/profil/spieler/72347; online abgerufen am 14.11.2019

»Du, Rodolfo, lass es gut sein, ich bin von der anderen Fakultät«

»Ich hatte ein perfektes Leben«; *Süddeutsche Zeitung Magazin*, Heft 23/2010; https://sz-magazin.sueddeutsche.de/fussball/ich-hatte-ein-perfektes-leben-77340; online abgerufen am 27.10.2019

»Steuersünden im deutschen Sport«; *Handelsblatt Online*; https://www.handelsblatt.com/sport/fussball/hoeness-kein-einzelfall-steuersuenden-im-deutschen-sport/8102052.html; online veröffentlicht am 22.4.2013

Torsten Körner: *Franz Beckenbauer: Der freie Mann*, Fischer Taschenbuch Verlag, Frankfurt am Main 2005, S. 208–220

Ein großzügiges Geschenk für »Kult-Masseur« Rieger

»Mein VW brach zusammen – Franz half mir mit einem Scheck«; Gastbeitrag von Hermann Rieger in: *Schau'n mer mal. Franz Beckenbauer – Geschichten und Bilder einer außergewöhnlichen Karriere*, herausgegeben von Tom Bender und Michael Pfad, Mosaik Verlag, München 1995, S. 46 f.

Die kuriose Geburt von »Teamchef Beckenbauer«

»Auf Knien flehten sie ihn an: Franz mach's!«; *tz* München, Ausgabe vom 7. September 1995, S. 33

»Die Stammelf wird bleiben«; *kicker*-Sportmagazin, Ausgabe vom 28. Juni 1984, S. 7

»Gewinnen reicht nicht«; Helmut Benthaus im Interview mit dem Magazin *11Freunde*; https://www.11freunde.de/interview/helmut-benthaus-ueber-den-vfb-stuttgart; online veröffentlicht am 17.3.2010

»Noch so ein Zauberer«

YouTube-Channel *ZDF Sport*: »Das aktuelle Sportstudio vor 25 Jahren (02.11.1985)«; https://www.youtube.com/watch?v=6u9OPgMPRnU&t=882s; online veröffentlicht am 5.11.2010

»Der Kaiser der Lässigkeit«; Gastbeitrag von Marcel Reif im *Playboy*-Magazin, Ausgabe 09/2015; https://www.playboy.de/articles/der-kaiser-der-lassigkeit; online abgerufen am 20.9.2019

»Suppenkasper«

»Ich bin 20 Jahre geächtet worden«; Uli Stein im Interview bei *Sport-Bild*; https://sportbild.bild.de/fussball/2017/fussball/torwart-gigant-uli-stein-interview-53511662.sport.html; online veröffentlicht am 14.10.2017

Torsten Körner: *Franz Beckenbauer: Der freie Mann*, Fischer Taschenbuch Verlag, Frankfurt am Main 2005, S. 105

Franz Beckenbauer: *Ich – wie es wirklich war*, C. Bertelsmann Verlag, München 1992, S. 112–115

»Elfmeterkiller« Illgner

YouTube-Video: »Kapitel 23 – Deutschland vs. England«; entlehnt von einer Original Dokumentation des Bayerischen Rundfunks zur WM 1990; https://www.youtube.com/watch?v=SZNybjEzATQ; online veröffentlicht am 4.7.2011

Schwachstelle Ziege? Ein Tipp für einen guten Freund

»Wie Franz Beckenbauer zum Kaiser wurde«; Kolumne von Ben Redelings für das Portal *n-tv.de*; https://www.n-tv.de/sport/fussball/Wie-Franz-Beckenbauer-zum-Kaiser-wurde-article15909556.html; online veröffentlicht am 15.9.2015

Franz Beckenbauers Glaube an Reinkarnation

Franz Beckenbauer: *Ich – wie es wirklich war*, C. Bertelsmann Verlag, München 1992, S. 167–178

»Irgendwann möchte ich ein anständiger Mensch werden«; Interview mit Franz Beckenbauer, veröffentlicht in der *Berliner Zeitung* am 12.2.1994; https://archiv.berliner-zeitung.de/kaiser-franz-beckenbauer-laesst-sich-gern-bewundern-glaubt-an-seine-karriere-und-ist-angeblich-der-letzte--der-den-job-bei-bayern-haben-wollte-irgendwann-moechte-ich-ein-anstaendiger-mensch-werden-16822806; online abgerufen am 18.11.2019

»Beckenbauer will schwanger werden«; Meldung der *Rheinischen Post* mit Bezug auf die Originalquelle der Zeitschrift *Bunte*; https://rp-online.de/panorama/leute/beckenbauer-will-schwanger-werden_aid-17164307; online veröffentlicht am 15.6.2005

»Schülermannschaft«

»Franz drohte mit Abbruch«; *Abendzeitung* München, Ausgabe vom 4. Mai 1994, S. 12

»Franz: Mit Tricks zum Titel«; *Abendzeitung* München, Ausgabe vom 5. Mai 1994, S. 9

Die Weißbierglas-Challenge

YouTube-Channel *ZDF Sport*: »Zum Geburtstag: Des ›Kaisers‹ größte Auftritte«; https://www.youtube.com/watch?v=0VlOYtsr4aU; online veröffentlicht am 13.9.2010

Beckenbauer gewinnt den »Cup der Verlierer«

»Franz: ›Wer Angst hat, bleibt besser daheim!‹«; *tz* München, Ausgabe vom 14. Mai 1996, S. 3

»Der Stress! Beckenbauer bis Montag in der Klinik«; *tz* München, Ausgabe vom 18./19. Mai 1996, S. 38

Wikipedia-Eintrag »UEFA-Pokal 1995/96«; https://de.wikipedia.org/wiki/UEFA-Pokal_1995/96; online abgerufen am 22.8.2019

Heimspiel in der Fremde? Die Allianz Arena bei Augsburg, Ingolstadt, Landshut oder Rosenheim

»Stadionbau in Rosenheim?«; *Spiegel Online*; https://www.spiegel.de/sport/fussball/fc-bayern-stadionbau-in-rosenheim-a-116332.html; online veröffentlicht am 7.2.2001

»Neues Stadion: Riem ist wieder im Rennen«; *Abendzeitung* München, Ausgabe vom 9.2.2001, S. 8

Wikipedia-Eintrag »Allianz Arena«; https://de.wikipedia.org/wiki/Allianz_Arena; online abgerufen am 23.8.2019

»Uwe-Seeler-Traditionsmannschaft«

»Franz verhöhnt die Versager«; *Abendzeitung* München, Ausgabe vom 8.3.2001, S. 29

»Uwe-Seeler-Traditionself: ›Wir sind besser als Bayern‹«; *Abendzeitung* München, Ausgabe vom 9.3.2001, S. 30

»Wir sind eine wirklich supergeile Truppe!«; *Abendzeitung* München, Ausgabe vom 25.5.2001, S. 3

Libero No. 5

»Franz Beckenbauer – die rote Akte«; Webseite »Captain Cork«; https://www.captaincork.com/franz-beckenbauer-lammershoek-libero-no-5-ich-bin-kein-weinkenner; online abgerufen am 4.9.2019

»Libero No. 5: Erster Wein von Franz Beckenbauer«; Webseite
»Falstaff.de«; https://www.falstaff.de/nd/libero-no-5-erster-
wein-von-franz-beckenbauer/; online abgerufen am 4.9.2019

Beckenbauers Überraschungscoup während der WM 2006

»Wir sind einfach nur glücklich«; *Bild*-Zeitung vom 24.6.2006;
https://www.bild.de/sport/2006/beckenbauer-heimliche-hoch-
zeit-558952.bild.html#remId=1598082751648457469; online
abgerufen am 28.7.2019